W0178805

hänssler

HEIKO KRIMMER

WEN WUNDERT'S

Erlebnisse mit Gott

Dr. Heiko Krimmer ist Pfarrer in Dettingen/T., Vorsitzender des
WÜRTTEMBERGISCHEN BRÜDERBUNDES sowie Vorsitzender der
CHRISTLICHEN INDIEN MISSION (CIM).

2. Auflage 1997
EDITION C, T 339
Bestell-Nr. 56. 939
ISBN 3-7751-2399-7

© Copyright 1995 by Hänssler-Verlag, Neuhausen/Stuttgart
Umschlaggestaltung: Daniel Dolmetsch
Titelbild: Mauritius/Daniel Dolmetsch
Satz: AbSatz Ewert-Mohr, Klein Nordende
Printed in Germany

INHALT

Er hat seinen Engeln befohlen...

Sonntag morgen, kurz nach fünf Uhr. Die Autobahn war fast ganz leer. Nur vereinzelt ein anderes Auto. Ich war unterwegs zu einem Dienst. Ein Gemeinschaftsverband im Siegerland hatte mich zu seinem Missionsfest eingeladen. Jochen, mein »bewährter Fahrer«, saß am Steuer. Er, ein aktiver Mitarbeiter unserer Gemeinde, hatte mir erklärt: »Wenn du zu auswärtigen Diensten gerufen wirst, fahre ich dich. Du kannst dann ausruhen. Und mir macht das Autofahren Spaß.« Wir hatten so schon viele Fahrten zusammen gemacht. Jochen war ein sehr sicherer und umsichtiger Fahrer. Ich nickte auf dem Beifahrersitz ein. Ihm konnte ich völlig vertrauen.

Hinter Frankfurt dann wurde ich wieder wach. Jochen saß konzentriert hinter dem Steuer. Der Verkehr war immer noch spärlich. Ihm machte das Fahren Spaß. Er »reizte« die Möglichkeiten der 110 PS aus, fuhr teilweise 200 km/h. Da bremste er abrupt ab. Ich schaute hoch. Ein Unfall. Ein Wagen stand zerbeult am Seitenstreifen. Daneben lag ein totes Reh. Ein Wildunfall auf der Autobahn. Kaum zu glauben. Es mußte erst vor kurzem geschehen sein. Doch Helfer waren schon da. Wir fuhren weiter. Bewußt dankten wir: »Herr Jesus, danke, daß du uns geleitest und bewahrst«.

Es wurde ein reich gefüllter Gemeinschafts- und Missionstag. Müde, aber beglückt machten wir uns auf den

Heimweg. Jetzt herrschte reger Verkehr auf der Autobahn. Ich war sehr froh, daß ich nach dem anstrengenden Tag nicht selbst fahren mußte. Jochen machte das schon. So ab Heilbronn schmunzelte ich: Die Tachonadel pendelte nach oben. »Die Kuh schmeckt den Stall«, sagt man im Schwäbischen. Jochen fuhr schneller. Da wartete ja auch seine Freundin in Dettingen. Wir kamen gut wieder heim.

Am Samstag der nächsten Woche: Ich hatte die Trauung zweier Mitarbeiter gehalten, und jetzt saßen wir beim Kaffee im Gemeindezentrum. Ich wollte danach noch einmal nach Hause fahren. Das Auto auf dem Parkplatz: ein völlig platter Reifen! Jochen war auch auf der Feier. Er montierte sachkundig das Reserverad und versprach: »Ich lasse den Reifen gleich am Montag bei uns im Betrieb reparieren.« Er war ja Automechaniker.

Am Montag stand Jochen vor der Tür. Er hatte den Reifen dabei. Ganz ernst sagte er: »Du, wir sind sehr bewahrt worden.« Im Reifen steckte ein dicker Nagel. Der Monteur hatte gesagt: »Der steckt mindestens schon vier Wochen da drin. Dein Pfarrer kann froh sein, daß er keine langen Strecken und vor allem nicht schnell gefahren ist. Das hätte ihn böse erwischt.« Wir beide dachten an den vergangenen Sonntag und unsere rasante Fahrt. Wir konnten nur Jesus danken. Er hatte uns bewahrt. Der Nagel liegt bis heute in meinem Arbeitszimmer. Erinnerung an Gottes Geleit.

Ich würde es nicht tun ...

Im Religionsunterricht erzählte ich den Zwölfjährigen die Geschichte von der Auferweckung des Lazarus. Jesu größtes Wunder. Die Kinder hörten gespannt zu. Ich wollte das alles aktualisieren. Am Nachmittag hatte ich eine Beerdigung zu halten. Ich fragte die Schüler: »Was würde passieren, wenn ich das könnte? Wenn ich nachher auf dem Friedhof keine Predigt halten würde. Ich würde vor den Sarg treten und sagen: Marie! (Ich weiß nicht mehr, wer beerdigt werden sollte), komm heraus. Der Sargdeckel würde sich knarrend heben. Und Marie steigt heraus!« Atemlose Stille. Dann: »Da würden alle abhauen!« Ich lachte: »Ich wohl auch! Nach einer Weile würden wir dann vorsichtig um die Ecke schauen, ob Marie wirklich wieder lebt!«

Entschlossen sagte ein Junge: »Das müßte aber erst nachgeprüft werden, ob die Marie nicht nur scheintot gewesen ist!« Ja, so wäre das wohl heute. Ein Expertenteam von Ärzten würde in solch einem Fall umfangreiche Untersuchungen anstellen und dann wohl zu unterschiedlichen Aussagen kommen. Ein anderer meinte: »Sie könnten das ja vorher mit der Marie abgesprochen haben, damit Sie groß rauskommen«. Das Gespräch wurde lebhaft. Schließlich meinte ein Mädchen ganz mitfühlend: »Wenn ich Sie wäre, ich würde es nicht tun!« Auf mein erstauntes »Warum?« erklärte sie nur: »Sie müßten es dann immer tun!« Da hatte sie wohl recht. Bei der nächsten Beerdigung wäre ein Riesenauflauf in Dettingen. Wenn ich dann – nur – eine Predigt halten würde, dann würden die Leute wohl sagen: »Siehst du, da war doch Schmu dabei. Er kann doch nicht Tote auferwecken.«

Nachdenklich ging ich nach Hause. Das war überdeutlich geworden. Ein Wunder führt nicht automatisch zum Glauben. Es kann ganz andere Reaktionen hervorrufen, den Unglauben sogar noch verstärken. So endet ja das 11. Kapitel des Johannesevangeliums von der Auferstehung des Lazarus: »Von dem Tage an war es für sie [die Juden] beschlossen, daß sie ihn [Jesus] töteten.«

Schade für Lazarus

Im Konfirmandenunterricht war unser Thema »Tod und Ewigkeit«. Es waren viele interessante Fragen. Wie ist es im Himmel? Wer kommt in den Himmel? Was heißen Ewigkeit, Herrlichkeit? Was ist Auferstehung? »Die Bibel malt es nicht breit aus, wie es im Himmel sein wird«, erklärte ich den Konfirmanden, »aber drei Dinge sind gewiß: Wer hier Jesus glaubt, wird dort ganz bei ihm sein. Wir haben dann in der Ewigkeit einen neuen, herrlichen, unsterblichen Leib. Und, im Himmel gibt es dann keine Krankheit, kein Unglück, keine Schmerzen mehr. Es gibt auch den Tod nicht mehr.«

Dann schilderte ich das große Zukunftszeichen, das Jesus getan hatte. Da hatte er gezeigt, daß der Tod nicht das letzte Wort hat: Die Auferweckung des Lazarus. Die Konfirmanden hörten gespannt zu: »Die Marta sagte: Herr, laß das Grab zu. Lazarus verwest schon«, schilderte ich die Endgültigkeit des Todes. »Und dann Jesus: Er steht vor dem geöffneten Grab und ruft: ›Lazarus, komm heraus.‹ Es war richtig spannend. Da, Lazarus kam. Die Leute, die dabeistanden, waren außer sich«, schloß ich meinen Bericht.

Es war ruhig. Dann ein tiefer Seufzer: »Schade für den Lazarus!« Ich war perplex. »Schade für den Lazarus?« fragend sah ich den Konfirmanden an, der das gesagt hatte. Er überlegte gar nicht lange: »Ja, schade für den Lazarus. Er war tot. Aber er hat doch an Jesus geglaubt. Wenn das so ist, wie Sie sagen, dann war er doch schon im Himmel gewesen, in dieser Herrlichkeit. Und jetzt muß er wieder zurück in die böse Welt.« Ich konnte nur staunen. Ja, schade für den Lazarus. Wir dürfen die Hoffnung auf die Ewigkeit ganz wörtlich nehmen.

Das Feuer wird dir nicht schaden

»Gerhard ist vom Blitz getroffen worden.« Wie ein Lauffeuer ging diese Nachricht durch den ganzen Ort. »Er ist tot! Er liegt im Koma. Er lebt noch.« Was war geschehen? Gerhard, Kirchengemeinderat und wertvoller Mitarbeiter unserer Kirchengemeinde war mit zwei seiner Kinder auf dem Acker gewesen, Rüben hacken. Er blickte auf. Eine schwarze Wolkenwand zog über die Teck heran. »Diese Reihe noch«, rief er den Kindern zu, die am anderen Ende des Ackers arbeiteten, »dann machen wir Schluß. Es wird bald regnen.« Plötzlich, ein ohrenbetäubender Schlag, Schwefelgeruch. Die beiden Kinder schauten erschreckt um sich. Wo war Vater? Da sahen sie ihn oben am Acker liegen. Sie rannten zu ihm. Er roch schwefelig, verbrannt. Er war kalkweiß, zeigte kein Lebenszeichen mehr. Der Blitz hatte ihn getroffen. Die Tochter rannte zur Straße. Ein Autofahrer verständigte den Notarzt. Dann eilte sie nach Hause. Martin, der älteste Sohn ging mit auf den Acker. Eben traf der Notarzt ein. Er schaute sich Gerhard an. Schüttelte dann den Kopf. Doch Martin rief: »Tun Sie doch was.« Und er selbst begann, den leblosen Vater zu beatmen. Da packte die Notarztmannschaft ihre Instrumente aus. Sauerstoffgerät, Herzmassage, alles, was so zur Wiederbelebung dazugehört. Gerhard rührte sich nicht. Die Männer arbeiteten angestrengt. Da, das Gerät zeigte leichte Herztätigkeit. Stoßweise der Atem. Etwas Farbe kam wieder ins Gesicht. Nach vierzig bangen Minuten luden sie Gerhard in den Krankenwagen und brachten ihn ins Krankenhaus.

Intensivstation, Gerhard war bewußtlos. Die Kleider zeigten Brandspuren. Alle Haare am Körper waren versengt. Aus dem Mund holten die Ärzte Schwefel. »Wenn er weiterlebt, wird sein Gehirn fast völlig zerstört sein. Er wird ein totaler Pflegefall sein.« Ganz offen sprach der Arzt mit seiner erschütterten Frau. »Das Gehirn war zu lange ohne Blutversorgung.« Die Familie rechnete mit dem Tod des Vaters.

In der Gemeinde herrschte große Betroffenheit. Gerade Gerhard. Vielen war er in seinem schlichten, geradlinigen Wesen und gegründetem Glauben Wegleiter und Vorbild. Eine ganze Generation hatte er in seiner langjährigen Kindergottesdienstarbeit geistlich geprägt. Es wurde viel für ihn gebetet. Aber, wie sollte man denn beten? Daß er heimgehen dürfte in die Ewigkeit? Daß er weiterleben dürfte, mit all den schweren Gehirnschädigungen?

Nach drei Tagen: Gerhard setzte sich im Bett auf. »Wo bin ich denn? Was ist geschehen?« Es war ein Gotteswunder. Gerhard sprach, konnte denken, erkannte Frau und Kinder. Die Ärzte bekannten: »Wir können das nicht erklären. Das ist wider alle medizinischen Regeln.«

Das Kurzzeitgedächtnis war in Mitleidenschaft gezogen. Gerhard erinnerte sich an alles vor dem Blitzschlag. Seitdem wußte er nichts mehr. Er konnte auch nichts mehr behalten, fragte x-mal dasselbe. Aber: Sonst war er ohne jeden nennenswerten Schaden. Nach zwei Wochen wurde er aus dem Krankenhaus als gesund entlassen. Nach und nach funktionierte auch das Kurzzeitgedächtnis wieder. Gerhard bewirtschaftete wieder seinen Hof, ohne jede fremde Hilfe. Er ist uns im Kirchengemeinderat eine verläßliche Stütze. Die altpietistische Gemeinschaft berief ihn zum »Bezirksbruder«. Gerhard ist ein lebendes Gotteswunder. »Wenn du ins Feuer gehst, sollst du nicht brennen . . .« (Jes 43, 2). Und er bezeugt das auch schlicht den Menschen.

»Gott hat mir das irdische Leben noch einmal geschenkt«, sagte er mir kürzlich an seinem Geburtstag, »die letzten acht Jahre waren, jeder Tag neu, ein Gottesgeschenk. Ich will es für ihn nützen«.

Doppeltes Beten

Die Jungschar war wieder einmal fetzig. Ein aufregendes Spiel mit anschließender »Jagd« auf die drei Jungscharleiter. Die Buben glühten vor Kampfeseifer.

Müde, aber hoch zufrieden machte sich die Gruppe auf den Heimweg. Da blieb unser Thomas plötzlich stehen und fing an zu weinen: »Meine Zahnspange ist weg«, schluchzte er. Er hatte sie herausgenommen, als ein anderer ihm eine Süßigkeit gab. Nun war sie verschwunden. Die ganze Gruppe kehrte um. Alle suchten die Zahnspange. Es wurde Nacht. Einer der Leiter holte sein Auto. Im Licht der Scheinwerfer suchten sie weiter. Nichts – die Zahnspange blieb verschwunden.

Weinend kam Thomas nach Hause. Meine Frau versuchte ihn zu trösten: »Das ist doch nicht so schlimm. Ich schimpfe dich doch auch nicht. Wir können eine neue Spange machen lassen.« Doch er blieb untröstlich. Da sagte meine Frau: »Hast du schon dafür gebetet?« »Ja«, schluckte er, »die ganze Zeit, aber jetzt bete du mit mir. Du mußt auch beten. Dann finden wir die Spange, vielleicht hört der Herr Jesus auf zwei mehr.« Meiner Frau wurde etwas mulmig zumute bei dieser kindlichen Theologie. Doch der Kleine drängte: »Bete, dann finden wir die Spange.« Viele Bedenken schossen meiner Frau durch den Kopf: »Kann man so beten? Und wenn die Spange verschwunden bleibt?« Aber dann betete sie: »Herr Jesus,

16

bitte laß den Thomas seine Zahnspange wiederfinden.«
Thomas war zufrieden und schlief ein.

Am nächsten Tag nach der Schule ging Thomas zu
dem Platz, an dem sie am Abend vorher gespielt und dann
gesucht hatten. Und – da war die Spange. Er kam fröhlich
heim. »Siehst du, Mama, doppeltes Beten hilft«, meinte er
befriedigt. Meine Frau sagte klugerweise nicht viel darauf,
aber sie dachte an das Jesuswort (Mt 18,19): »Wenn zwei
unter euch eins werden auf Erden, worum sie bitten wollen, so soll es ihnen widerfahren«. Das gilt mitten im Täg-
lichen, auch für eine verlorene Zahnspange.

Ich habe mich lieb

Ich war völlig frustriert. So nennt man das modern. Ganz müde und niedergeschlagen. Die Konfirmandengruppe dieses Jahrgangs war echt anstrengend. Das kannte ich: In jedem Jahrgang gab es ein, zwei schwierige Kinder. Das war in den Griff zu bekommen. Aber diesmal. Ich ließ mir die Namen durch den Kopf gehen. Mindestens zehn verhaltensauffällige Kinder. Sie konnten sich nicht konzentrieren. Zappelten auf ihren Stühlen. Ständiges Reden und Stören des Nachbarn. Sollte ich härter durchgreifen? Die Störer hinausschicken, mit den Eltern reden, Strafarbeiten geben? Alles in mir wehrte sich dagegen. Wie oft schon hatten mir Gemeindeglieder ihre Erfahrungen im Konfirmandenunterricht beschrieben: »Unser Pfarrer hat sogar mit dem Gesangbuch geworfen. Er ist unheimlich wütend geworden«, so eine ältere Frau. »Ich hatte immer Angst vor dem Unterricht. Wer seinen Spruch nicht konnte, dem hat der Pfarrer eines mit einem Stock übergezogen«, so ein Konfirmandenvater. Manche waren so »geschädigt«, daß sie mit Kirche und Pfarrer kaum mehr zu tun haben wollten.

Solche »Erinnerungen« sollten meine Konfirmanden nicht mitnehmen, das hatte ich mir mehr als einmal geschworen. Aber den Unterricht so weitermachen? Auch im Sonntagsgottesdienst fiel diese Gruppe auf. Manche Leute beklagten sich. Da fand ich Unterstützung. Stephanie, eine Mitarbeiterin aus der Jugendarbeit kam von selbst in den Unterricht. Es wurde erträglicher. Sonntags setzte sich ein Gemeindeglied ganz bewußt unter die Konfirmanden. Mehrere Mitarbeiter folgten. Ich ging noch mehr auf die einzelnen Konfirmanden zu. Aber einige blieben notorische Unruheherde. Dabei war keines von ihnen bösartig. Es waren sehr nette Kinder. Ihre Verhaltensstörungen hatten sicher Wurzeln, für die sie selbst nicht viel konnten.

Ein Konfirmand fiel mir besonders ins Auge. Er hatte einen wachen, scharfen Verstand. Stellte manchmal tiefgründige Fragen. Da war Substanz da. Wenn er nur nicht so leicht abzulenken gewesen wäre. Er war nie Auslöser, ließ sich aber beim kleinsten Anlaß hineinziehen. Heute war ich ziemlich frustriert. Ich hatte mit ihnen einen Frage-Nachmittag gemacht. Gute Fragen. »Gibt es eine Hölle? Wie stellen Sie sich den Himmel vor?« Fragen nach der Evolution. Quatschfragen: »Gibt es im Himmel auch Mac Donald?« Schließlich: »Wer ist eigentlich ein Christ?« Klaus ließ sich ständig ablenken. Ich versuchte, so einfach wie möglich zu antworten, faßte so zusammen: »Ein Christ ist einer, der Ja zu sich selbst sagt, sich selbst lieben kann. Denn er wird von Gott bedingungslos geliebt.« Der Unterricht war zu Ende. Die Meute stürmte hinaus. Klaus blieb bei mir stehen: »Du, ich kann das echt. Ich liebe mich selbst!« Und weg war er. Ich konnte nur staunen. Das tröstete mich auch in meinem Frust. Bei ihm war wirklich etwas hängengeblieben.

Wer unter dem Schirm
des Höchsten sitzt

Der Nachtschnellzug D 428 Innsbruck – Kopenhagen raste durch die Nacht. Endlich wird es im Schlafabteil ein wenig ruhiger. Es ist schon fast 1.30 Uhr. Stefan war mit seiner Familie, Frau und zwei Kindern, unterwegs nach Schweden. Er ist Bibelschullehrer bei den Fackelträgern und sollte in deren schwedischen Bibelschule unterrichten. Seine Frau Heidi freute sich, daß sie diesmal mitkonnte. Mit den beiden Kindern. Doch es war anstrengend. Kati war nicht zum Einschlafen zu bewegen gewesen. Der ganz kleine Christoph hatte gequengelt. Ihm war das Zugfahren wohl nicht ganz geheuer. »Jetzt können wir doch noch ein wenig schlafen«, meinte Stefan zu seiner Frau.

Ein gewaltiger Schlag, Knirschen, Kreischen, Splittern. Der Schnellzug kam unter grauenvollen Geräuschen zum Stehen. Ein Unglück. Das Licht funktionierte nicht. »Heidi, bist du da?« Wie froh war Stefan, als seine Frau antwortete: »Ja, und ich bin ganz heil!« Auch Kati meldete sich. Sie weinte. Und aus einer Ecke kam ein Wimmern. Christoph war mitsamt seinem Babykörbchen durch das Abteil geschleudert worden. Aber auch er war unverletzt. Es zog. Stefan sah mit Schrecken, daß ihr Waggon an der ganzen Seite aufgeschlitzt war. Die Familie konnte nur Jesus danken, daß er sie so bewahrt hatte. »Die Waggons vor uns waren alle umgestürzt«, erzählte er uns später, noch sichtlich bewegt von dem Geschehen. »Zunächst war es draußen totenstill«, fuhr er fort, »aber dann hörten wir Schreie, Stöhnen, Weinen. Dann kamen auch schon die ersten Helfer. Wir hatten die Bewahrung Jesu als Familie wirklich erlebt. Wer unter dem Schirm des Höchsten sitzt. Dieses Psalmwort beten wir seitdem sehr bewußt«, schloß er.

In der Zeitung standen die schlimmen Einzelheiten. Der Nachtexpress war in einen querstehenden Güterwaggon gerast. Elf Menschen sind bei dem Unglück ums Leben gekommen. Zweiundfünfzig Reisende wurden verletzt. Viele davon schwer. Eines der schwersten Zugunglücke Deutschlands der vergangenen Jahre.

Bittet, so wird euch gegeben

Mit dreizehn brauchte ich eine Brille. Sie mußte einen ange-
borenen Augenfehler korrigieren. Das war eine große Aus-
gabe. Mein Vater ermahnte mich: »Paß auf die Brille auf.
Ich kann dir nicht so schnell eine neue kaufen.« Ich paßte
auf. Doch dann beim Konfirmandenausflug. Wir ruderten
mit einem Boot auf einem See, eine kleine Rangelei. Mir
rutschte die Brille von der Nase und sie versank im See.
Mein Schreck war groß. Doch mein Vater hatte ein Einse-
hen. Er kaufte eine neue Brille. »Doch jetzt ist Schluß«,
ermahnte er mich, »wenn dieser Brille etwas passiert, dann
bekommst du eine einfache Nickelbrille, die billigste.« Das
war mir ein Graus. Ja keine Nickelbrille.

Wir waren auf einem Sonntagsspaziergang. Ein gan-
zer Pulk von Gleichaltrigen. Wir waren alle im Jugendkreis
zusammen. Es waren herrliche Sonntagnachmittage. Ein
warmer Sonnentag. Wir begannen Unsinn zu machen:
Stockfechten, dann eine ausgiebige »Schlacht« mit herunter-
gefallenen Äpfeln. Schließlich sanken wir ausgepumpt ins
Gras. Es wurde Abend. Wir machten uns auf den
Heimweg. Plötzlich griff ich an den Kopf, Schreck – die
Brille war weg. Ich flehte meine Freunde an: »Helft mir
suchen. Ich brauche meine Brille wieder. Sonst muß ich
eine Nickelbrille tragen.« Wir suchten die Wiese, den
»Kampfplatz« Meter um Meter ab. Ich flehte: »Seid vorsichtig, tretet die Brille nicht zusammen.« Es wurde

schließlich dunkel. Die Brille war nicht zu finden. Sie war weg.

Zu Hause schlich ich in mein Zimmer. Niemand war die fehlende Brille bis jetzt aufgefallen. Ich war tief unglücklich. Die Nickelbrille drohte. Da betete ich: »Herr Jesus, ich will keine Nickelbrille. Hilf mir, daß ich meine Brille wiederfinde.« Ein komisches Gebet. Dahinter stand ja meine Eitelkeit, ja nur keine Nickelbrille. Ein komisches Gebet, aber ein kindliches Gebet.

Morgens um 5 Uhr, die Sonne war am Aufgehen, schlich ich mich aus dem Haus. Mit dem Fahrrad fuhr ich zu der Wiese. Immer wieder betend: »Herr Jesus, ich bin sicher dumm, aber ich will keine Nickelbrille. Hilf mir, meine Brille wiederzufinden.« Ich kam zu der Wiese. Stieg ab. Da, neben meinem rechten Fuß lag meine Brille. Ich hob sie auf und fuhr heim. Seitdem weiß ich, Jesus hört, er hört auch ein »dummes« Gebet. Ich darf mit allem zu ihm kommen.

... gleich gern aus deinen Händen nimmt

Endlich etwas Abkühlung. Ein heißer Sommertag war es gewesen. Ich saß im Wohnzimmer – Sonntagabend – und genoß die Kühle und Ruhe. Das Telefon klingelte: »Hier ist Frau E. Wir haben Fritz ins Krankenhaus eingeliefert!« Zuerst verstand ich nicht. »Frau E.?« »Ja, Fritz hat Beschwerden im Kopf! Wir mußten aus dem Urlaub heimkommen. Jetzt liegt er in einer Spezialklinik.« Fritz, er war ein treuer, tüchtiger Mitarbeiter in unserer Kirchengemeinde. Wenn es galt, war er da. Kirchengemeinderat, Bläser, Sänger im Kirchenchor.

Ich ging zu Familie E. Die Ehefrau und die beiden Söhne saßen bedrückt im Wohnzimmer. Sie berichteten. In letzter Zeit hatte Fritz sehr schlecht ausgesehen, auch kaum geschlafen. Seine Frau erklärte es sich mit Überarbeitung. Der langersehnte Urlaub sollte endlich die nötige Erholung bringen. Doch Fritz zeigte seltsame Reaktionen. Plötzlich wußte er den altbekannten Fahrtweg nicht mehr. Auf einer Wanderung wurde er zeitweise blind. Sie mußten ihn heimführen. Dann schlief er, schlief und schlief ununterbrochen. Sie fuhren heim. Die Ärzte stellten ihre Diagnose. Fritz hatte einen Gehirntumor. Eine schnelle Operation wurde anberaumt. Ich war tief mitbewegt. Dann beteten wir. Jesus Christus kann. Er könnte auch Fritz wieder gesund machen.

Ich besuchte ihn im Krankenhaus. Die Operation stand bevor. Als ich an sein Bett trat, sagte er spontan:

»Heiko, jetzt ist Zeit für 550!« Ich wußte, was er meinte. Wir hatten in den letzten Wochen in den Gottesdiensten ein »Lernlied« gehabt (550 EKG, württ. Teil). Nun las ich ihm die Verse: »Der du das Los von meinen Tagen und meines Lebens Glück und Plagen mit Güt und Weisheit mir bestimmt, dir Gott, dank ich mit frohem Herzen, das seine Freuden, seine Schmerzen gleich gern aus deinen Händen nimmt.« Darin fand er Halt, Trost und Geborgenheit.

Dann die Operation. Doch die Ärzte blickten zur Seite, zögernd: »Wir haben getan, was wir konnten, aber . . .« Wir wußten, was sie meinten. Es begannen schwere Wochen des Leidens. Zunächst im Krankenhaus. Einmal bat Fritz seine beiden Söhne ernst an sein Bett: »Es tut mir leid, daß euer Glaube jetzt schon so geprüft wird. Aber ich bitte euch: Bleibt bei Jesus.« Es kamen auch bessere Tage, an denen es aufwärts zu gehen schien.

Fritz durfte heim. Seine Frau meinte ganz gefaßt: »Ich will ihn zu Hause pflegen. Und, wenn es so kommen soll, er soll zu Hause sterben.« Sie pflegte ihn aufopferungsvoll. Fast täglich saß ich an seinem Bett. Er bat um das Abendmahl. Es war eine bewegende Stunde. Fritz war schon sehr schwach. Wir vom Kirchengemeinderat standen um sein Bett. Doch war diese Feier bewußte Vor-Feier auf das große Abendmahl in Gottes Ewigkeit.

Immer wieder sprachen wir die Worte von Lied 550. Fritz blieb ruhig und getrost. Aber es ging zu Ende. Fritz wurde blind. Lange Stunden lag er reglos. Dann war er wieder ganz klar bei Bewußtsein. Sein Glaube trug ihn. Sein Herr war mit ihm. Nach einem Besuch sprach mich ein Mann an: »Das ist doch furchtbar, wenn man so daliegen und so leiden muß.« »Es ist nicht furchtbar«, antwortete ich. »Fritz weiß, wo er hingeht. Er ist geborgen in

Jesus.« Fast verständnislos schaute mich mein Gegenüber an. Ja, ohne Jesus ist Sterben furchtbar, dachte ich bei mir, sogar leben ohne Jesus ist schlimm.

Fritz durchlebte auch manche Anfechtung. Nach einer schlimmen Nacht, in der ihn auch tiefe Glaubens-zweifel überfielen, saß ich am Bett: »Fritz, der Teufel hat keine Macht mehr«, sagte ich zu ihm. »Doch, Heiko, der Teufel hat noch Macht«, flüsterte er. Wir sprachen dann aber von dem, der *alle* Macht hat. Bei ihm dürfen wir uns bergen. Dann verpuffen alle Angriffe des Bösen.

Fritz ordnete auch seine Beerdigung. Psalm 23 sollte der Beerdigungstext sein. Auch die Lieder suchte er heraus. Er wurde immer schwächer. Nahm er noch etwas auf? Eine Stunde später, als ich wiederkam, war der Kampf zu Ende. Fritz war daheim.

Seine Beerdigung war ein Zeugnis für Jesus, das viele Menschen bewegte. Als der Sarg in der Grube war, da san-gen wir, so wie er es gewünscht hatte: »Großer Gott wir loben dich, Herr wir preisen deine Stärke . . .« Dem Augen-schein nach hatte der Tod gesiegt. Doch das Gotteslob pries den wahren Sieger: Jesus Christus, den Auferstandenen, der sagt: »Wer an mich glaubt, der wird leben, auch wenn er stirbt«. Das hat Fritz geglaubt und bezeugt: »Jesus lebt, nun ist der Tod mir der Eingang in das Leben!«

Doch noch eingeholt

Als Pfarrer machte ich bei dem Achtzigjährigen einen Geburtstagsbesuch. Ich klingelte. Die Frau öffnete, etwas verlegen: »Mein Mann ist leider nicht da.« Ich bedauerte: »Kann ich ihn zu einer anderen Zeit erreichen?« Die Frau blieb einsilbig: »Ich sage ihm, daß Sie da waren.« Da gab ich meinen Geburtstagsgruß ab, trug ihr auf, ihren Mann zu grüßen und verabschiedete mich.

Im nächsten Jahr. Wieder mein Geburtstagsbesuch. »Mein Mann ist nicht da!« Die Ehefrau war jetzt sichtlich aus der Fassung. »Dann machen wir jetzt doch einen festen Termin aus«, schlug ich vor. Sie wurde ganz rot, dann sagte sie stockend: »Herr Pfarrer, wenn Sie an der Haustür klingeln, springt mein Karl schnell die Hintertreppe hinunter. Er will von der Kirche nichts wissen.« Ich mußte lachen, ließ meinen Gruß da und ging.

Wieder ein Jahr vorbei. Geburtstagsbesuch bei Karl. Ich klingelte an der Haustür und ging dann schnell ums Haus zum Hintereingang. Tatsächlich, da polterte Karl die steile Holztreppe herunter. Er wurde puderrot, als er mich da stehen sah. Verlegen drehte er seine Mütze in der Hand. Doch ich gratulierte ihm ganz freundlich. »Jetzt treffe ich sie doch einmal an.« Er brummte etwas Unverständliches. Mein Blick fiel auf einige großformatige Photographien, alles Natur- und Heimataufnahmen. »Sind die von ihnen?« Da taute er auf. Er war ein begeisterter Photograph, erklärte mir jedes Bild ganz genau. Dann rutschte es ihm heraus: »Ich such meinen Herrgott in der Natur.« Da konnte ich einsteigen. Auf der Hintertreppe sitzend kam es zu einem guten Gespräch.

Einige Monate später. Die Frau rief mich an. »Mein Karl ist sehr krank. Könnten Sie ihn besuchen?« Jetzt konnte ich durch den Haupteingang kommen. Der Kranke lag schwer atmend im Bett. Er war vom Tod gezeichnet. Behutsam sprach ich ihn an: »Sie haben Gott in der Natur gesucht. Jetzt ruft er sie. Sie können ihn jetzt finden!« Er hörte aufmerksam zu. Die einfachen Wahrheiten des Evangeliums: »Jesus ist für uns gestorben. Wer ihm vertraut, hat das ewige Leben.« Karl konnte noch verstehen und zugreifen. Am nächsten Tag war er bewußtlos. Ich las den 23. Psalm. Bei den Worten: »... denn du bist bei mir«, drückte er leicht meine Hand.

Karl ist im Frieden Gottes gestorben. Jesus hatte ihn noch eingeholt.

Ich brauche keinen Pfaffen

Er feierte seinen achtzigsten Geburtstag. Als Gemeinde-
pfarrer besuchte ich ihn zu diesem Ehrentag. Doch schon
an der Haustür wollte er mich abspeisen: »Ich brauche
keinen Pfaffen«, knurrte er mich unfreundlich an. Ich ließ
mich nicht aus der Ruhe bringen: »Das interessiert mich«,
antwortete ich mutig. »Ich würde gerne erfahren, was sie
so verbittert hat.« »Dann kommen Sie eben herein«, das
war zwar nicht herzlich, aber immerhin, wir waren im
Gespräch.

Langsam erzählte er, sich immer mehr in Rage stei-
gernd. Von den furchtbaren Zeiten des Krieges. Er hatte ihn
vom ersten Tag an mitgemacht. Alter Rußlandkämpfer,
Stalingrad. Die unvorstellbaren Greuel. »Wo war da der
liebe Gott?« Bitter brach es aus ihm heraus. Zweimal war er
schwer verwundet worden. »Da hat kein Jesus geholfen.«
Er mußte immer wieder an die Front. Und dann fünf Jahre
Gefangenschaft. In den sowjetischen Hungerlagern. »Die
Kameraden starben wie die Fliegen. Ruhr, Typhus, TB,
verhungert. Wie kann ein Gott das alles zulassen?« Er
wurde immer zorniger.

»Und dann hatten wir einen Pfaffen in unserer
Baracke. Der war nicht besser als alle anderen. Er hat sogar
einem Kameraden Brot gestohlen. Wir haben ihn windel-
weich gehauen. Seit dem habe ich mir geschworen: Kein
Pfaffe kommt mehr in meine Nähe. Mit Gott, Kirche, Bibel

und all dem Zeug bin ich ein für allemal fertig«. Schweratmend hielt er inne.

Ich tastete mich heran: »Kann man diese Greuel und Nöte wirklich auf Gott schieben?« »Er hätte – wenn es ihn denn gibt – das alles verhindern können«, war die kurze Antwort. Ich sprach von der Freiheit, die Gott uns Menschen gibt. Auch die Freiheit zum Bösen. Versuchte das Mitleiden Gottes anzusprechen. Mein Gegenüber hörte zwar zu, aber er war zu. Es war kein Durchkommen.

»Darf man Ihnen noch ein Lied lesen?« fragte ich dann. Er brummte. War es nun ja oder nein? Ich las zwei Strophen von »Befiel du deine Wege . . .« Dann verabschiedete ich mich. »Ich bete dafür, daß Gott Ihnen noch einmal in seiner Güte begegnet«, sagte ich zu ihm. »Ich brauche keinen Gott. Ich habe genug Kraft.« Wie zum Beweis machte der Achtziger zehn Liegestützen. Schnaufend stand er auf: »Trotzdem Ihnen einen guten Tag«, so verabschiedete er mich. »Ich komme selber durch.« Bedrückt stieg ich die Treppe hinab.

Sechs Wochen später stand ich an seinem Sarg. Ein Verkehrsunfall hatte ihn jäh aus diesem Leben gerissen. Ich hatte Gedanken des Versagens: »Hätte ich nicht deutlicher reden müssen? Mich ihm mehr widmen sollen?« Doch er war wie eine Wand gewesen. Zu, verschlossen, eisenhart. Gott kennt das Herz.

Wir wollen lernen

Wir waren im Siler-Dschungel unterwegs. Zuerst mit dem Auto. Die Wege wurden immer holpriger. Kaum zu glauben, daß hier ein Auto noch fahren konnte. Aber Ramanah war ein geübter Fahrer. Mit stoischer Ruhe steuerte er das Auto über die abenteuerlichsten Steil- und Gefällstrecken, Löcher und große Steine. Dann aber ging es nicht mehr weiter. Fackeln wurden angezündet. In der Ferne hörten wir schon Trommelklang. Im Dorf bereitete man sich auf unsere Ankunft vor.

Eine ganze Gruppe Evangelisten waren bei mir und Singh. Auch meine Schwester Christine begleitete uns. Wir wollten nach Emsilicam, so hieß dieses abgelegene Dschungeldorf. Einer unserer Evangelisten hatte das Dorf einmal besucht. Er war ganz freundlich aufgenommen worden. Der Dorfhäuptling bat ihn: »Kommt ganz zu uns. Unsere Kinder sollen auch etwas lernen. Wir brauchen dringend eure Hilfe. Auch für die Kranken. Ihr könnt auch von eurem Gott Jesus reden.« Er hatte von anderen Dörfern im Dschungel schon viel über die Arbeit unserer Mission gehört.

Nun waren wir unterwegs zu dem Dorf. »Ihr als Europäer könnt uns ganz viel helfen. Ihr seid die ›Türöffner‹ für uns«, so erklärte mir Singh. »Die Leute werden noch jahrelang von euch reden und uns keine Schwierigkeiten machen«. Ein Zug vom Dorf her kam uns entgegen. Vorne draus die »Musikkapelle«, Trommeln, Flöten, viele mir unbekannte Instrumente. Ein ohrenbetäubender Lärm. Ich balancierte über die schmalen Dämme der Reisfelder. Es war glitschig. Viele helfende Hände. Die Leute wateten im Wasser. Der Weiße sollte sauber ans Ziel kommen.

Dann waren wir da. Singh staunte. Die Dörfler hatten an einem freien Platz ein nagelneues Haus gebaut. »Das ist die Schule«, erklärte der Häuptling stolz. »Jetzt müßt ihr auch da bleiben.« Der einfache Bau aus Bambus drückte ihre große Erwartung aus. Alle waren versammelt. Der beeindruckende Begrüßungstanz der Dschungelleute. Uralte Riten und Überlieferungen. Und dann sollte ich predigen. Es war bewegend für mich. Zum erstenmal wurde in diesem Dorf öffentlich das Evangelium Jesu Christi gesagt. Ich sprach so einfach wie möglich, knüpfte an ihrer Naturreligion an: »Die Sonne ist Leben, bringt Wärme und Wachstum. Aber sie ist nicht Gott. Jesus sagt: Ich bin das Licht der Welt. Er gibt uns wirkliches, ja ewiges Leben.« Die Dörfler hörten aufmerksam zu.

Lärm hinter der Bambushütte. Wütende Stimmen. Ein Mann, feurig rote Streifen an Stirn und Körper, fast nackt. Ein Tigerfell um die Lenden. Einen Speer in der Hand. »Es ist der Dorfzauberer«, sagte Singh. »Er fürchtet um seine Macht.« Noch drei Männer standen bei ihm. Alle vier hatten offensichtlich viel Palmwein getrunken. Mir wurde schon bang, auch Christel wurde blaß. Doch der Häuptling und einige ältere Männer gingen auf die vier zu, redeten auf sie ein und drängten sie ab. Die Versammlung konnte weitergehen.

Die feierliche Eröffnung des »Schul- und Gemeindehauses«. Christel durfte diesen Akt vollziehen. Sie war schon die ganze Zeit von den Frauen des Dorfes beinahe mit Blicken verschlungen worden. Jetzt klatschten sie laut

Beifall und stießen hohe Schreie aus, als sie mit einem gro-ßen Messer die Liane vor dem Eingang durchschnitt. Sie ging als Erste in die Hütte. Dann drückten alle herein. Es war kein Platz mehr zum Umfallen.

»Ja, wir schicken euch einen Evangelisten«, versprach Singh dem Häuptling. Es ging zurück zum Auto. Fast das ganze Dorf begleitete uns. Wir waren erst wenige hundert Meter gefahren, da tauchten im Licht der Scheinwerfer zwei majestätische Tiger auf. Mir stockte der Atem. Einige Minuten früher ... Denen hätte ich nicht in freier Natur begegnen mögen.

Ein Jahr später. Wieder war ich mit Singh im Dschun-gel unterwegs. Wir kamen auch in die Nähe von Emsili-cam. Mir fiel unser Besuch wieder ein. »Wie geht es dort im Dorf?« fragte ich. »Wohnt jetzt ein Evangelist bei ihnen?« Singh antwortete nicht gleich. Inder sagen schlechte Nach-richten sehr ungern. Dann berichtete er: Ja, es war ein Evangelist mit seiner Frau und ihrem dreijährigen Sohn in Emsilicam gewesen. Es war eine gute Arbeit. Mehr als fünfzig Kinder kamen zur Tagesschule. Abends hörten die Erwachsenen das Evangelium. Mehr als 20 ließen sich tau-fen. Es gibt jetzt eine christliche Gemeinde dort. Doch im November wurde die Frau des Evangelisten und der Sohn krank. Hohes Fieber. Die tückische Gehirnmalaria. Beide starben innerhalb von drei Tagen. Wir konnten nicht mehr helfen. Der Evangelist konnte nicht mehr bleiben. Er konnte einfach nicht mehr. »Zur Zeit ist niemand mehr in Emsilicam«, sagte Singh dann, »aber ab März wollen zwei Bibelschüler, die dann fertig sind, die Arbeit weiterführen.

Missionsarbeit ist Schwerarbeit. Es geht oft auch durch schwere Strecken. Beten wir für Jamesh, den Evan-gelisten und für Emsilicam.

Der Wind und Wasser gebietet

Dicht an dicht saßen die Menschen. Es waren über 7000, die an unserer dreitägigen Evangelisation in Vizag teilnahmen. Die meisten waren Gemeindeglieder unserer *VCIM-Kirche (Christl. Indien Mission)*. Doch hatten sie auch viele – etwa ein Drittel – noch nicht Gläubige mitgebracht. Sie alle saßen unter den einfachen Zeltdächern, die über Bambusstöcken ausgespannt waren. Als Schutz vor der Hitze. Aber diese Januartage waren ganz unnormal. Es begann zu regnen. Ein Cyklon zog vom Meer her und es stürmte gewaltig. Besorgt schauten wir auf die Zeltplanen. Würden sie halten? Die Leute sollten ja nachher auch hier auf dem aufgeschütteten Stroh schlafen. Oder würde unsere ganze Evangelisation im Regen aufgelöst?

Unser Missionsleiter Walter Stern predigte. Er hatte sich die Geschichte von der Sturmstillung gewählt. »Wer ist der, der Wind und Wellen gebieten kann?« so fragten ja die Jünger nach dem Vollmachtswort Jesu »Schweig und verstumme«. Ich blickte immer wieder besorgt nach oben. Die Zeltplanen hingen immer stärker durch. Dann bemerkte ich eine Bewegung rechts von mir in der Menge. Dort saßen unsere Evangelisten. Einige standen auf und gingen weg. Kam dort der Regen schon durch?

Die Abendversammlung ging weiter. Ich folgte wieder der Predigt. Dann führten die Kinderheimkinder einen Dschungeltanz auf. Der Chor sang. Begeistert klatschten die Menschen mit. Nur ich war nicht so recht dabei. Immer wieder gingen meine Blicke zu den Zeltplanen. Sie beulten sich immer mehr. An einzelnen Stellen tropfte es schon durch. Die Leute rückten weg. Es regnete und stürmte. Sollten wir die Versammlung abbrechen? Fragend sah ich zu unserem indischen Missionsleiter Singh. Er war ganz ruhig.

Da hörte der Regen auf. Wie abgeschnitten. Auch der Sturm legte sich. Gott sei Dank. Dann kamen auch die Evangelisten wieder. Wir konnten den Abend fröhlich beenden.

Nachher kam ein Evangelist auf mich zu: »Jesus kann«, sagte er. Ich sah ihn fragend an. Dann erfuhr ich: Sie waren von der Veranstaltung weggegangen. Hatten sich einen ungestörten Platz gesucht. Dann hatten sie flehentlich gebetet: »Herr Jesu. Du hast heute noch die gleiche Kraft. Du kannst Wind und Regen gebieten.« Jesus hat die Kraft. Er sprach sein »Schweig und verstumme«. Freudig sagte der Evangelist: »Was für ein großer Gott Jesus!«

Predigen und heilen

Der Gottesdienst war zu Ende. Die Menschen umdrängten Singh, unseren indischen Missionsleiter, und mich. Das gehört zum Gottesdienst in Indien. Sie baten, ihnen die Hände aufzulegen und sie zu segnen. Viele Kranke waren darunter. Sie nehmen Jakobus 5 ganz kindlich. Dort steht die Verheißung und der Auftrag, Kranken die Hände aufzulegen und für sie zu beten: »Und das Gebet des Glaubens wird dem Kranken helfen, und der Herr wird ihn aufrichten ...« Wenn wir dem biblischen Wort vertrauend gehorchen, handelt Jesus. Wir haben diese Erfahrung schon oft gemacht.

Eine Frau stand vor uns. Groß und bittend die Augen. »Was fehlt ihr?« fragte ich Raju, der für mich übersetzte. Er war ein wenig hilflos, verstand nicht, was die Frau wollte. Sie hielt eine zusammengewickelte Decke in den Händen. Die wickelte sie nun auf. Ich war tief betroffen. Ein Baby, erst wenige Tage alt. So winzig, nur Haut und Knochen. Ich legte dem Kind die Hand auf, auch der Mutter. Raju blickte sie mitleidig an, schüttelte ein wenig den Kopf: »Da ist nichts mehr zu machen«, deutlich konnte ich seine Gedanken lesen. Nach dem Gebet rief ich eine Evangelistenfrau. Sie war auch Krankenschwester. Sie nahm sich um die junge Mutter und ihr Kindlein an. »Es ist doch nur ein Mädchen«, Raju machte diese Bemerkung fast nebenbei. In mir stieg Zorn hoch. Ich mußte mich beherrschen.

Antwortete ihm zurückhaltend, aber deutlich: »Es ist ein Mädchen. Ein Mensch, für den Jesus gestorben ist, ein Mädchen, das er liebt.« Unsere indischen Christen sind doch tief von ihrer Kultur geprägt. Die Frau ist in der Hinduhierarchie Gebrauchsgegenstand, dienende Sklavin. Sie kann ihre Stellung nur verbessern, wenn sie Söhne zur Welt bringt. Die Christen in Indien beginnen – Gott sei Dank –, langsam umzudenken, neu zu denken, biblisch zu denken: »Hier ist nicht Mann noch Frau, denn ihr seid allesamt einer in Christus Jesus« (Gal 3, 28). Das Baby blieb am Leben.

Ein junger Mann bat um Fürbitte. Ich legte ihm die Hände auf. Er glühte vor Fieber. War ganz fahl im Gesicht. Atmete schwer und stoßweise. Abgemagert, ganz eingefallener Brustkorb, die Augen tief in den Höhlen. »Er hat TB«, verdeutlichte mir Raju, die Angst vor einer Ansteckung ließ ihn einen Schritt zurücktreten. Nach dem Gebet brachte ich den Jungen zu einem Evangelisten von Kondalaagraharam. Er arbeitet dort in unserem Krankenhaus mit als Evangelist an den Patienten. Vor Jahren haben wir eine Spezialklinik für TB-Patienten eröffnet. »Nimm ihn mit«, sagte ich zu dem Evangelisten, »er soll dort behandelt werden.« Gott heilt. Auch durch den Arzt: »Laß den Arzt zu dir, denn der Herr hat ihn geschaffen« (Sirach 38, 12). Wir tun beides in unserem Dienst in Indien: Predigen und heilen. Das ist Jesu Auftrag.

Gott hat seinen Sohn
schon gegeben

Singh, unser indischer Missionleiter, war mit einigen seiner Evangelisten im Siler-Dschungel unterwegs. Es war schon ein langer Tag. Erst mit dem Boot über den angeschwollenen Siler-Fluß, dann drei Stunden auf einem rüttelnden Ochsenkarren, und jetzt schon mehr als zwei Stunden durch den beschwerlichen Dschungel zu Fuß. Sie waren unterwegs zu einem abgelegenen Dorf. Ein Evangelist hatte es »entdeckt« und erste Kontakte geknüpft. Nun wollte Singh prüfen, ob wir dort eine Tagesschule für die Kinder beginnen sollten. Die Dorfbewohner hatten dringend darum gebeten.

Endlich, es war schon Nachmittag, kam das Dorf in Sicht. Die Einwohner warteten schon. Erfrischungen, kühle Kokosmilch, Süßigkeiten aus Reis wurden angeboten. Dann predigte Singh. Er mußte von dem Dschungel-Evangelisten übersetzt werden. Die Leute in diesem Gebiet hatten ihre eigene Sprache. Sie lebten fernab aller Zivilisation, fast noch in »mittelalterlichen« Verhältnissen. Sie wußten nicht, daß es einen Staat Indien gibt. Noch nie war ihnen ein Regierungsbeamter zu Gesicht gekommen. Selbst Singh hielten sie für einen Menschen aus einer anderen Welt. Sie waren Animisten. Beteten die Sonne, das Wasser, Steine und Bäume als Gottheiten an. Singh hatte so etwas wie einen Altar in der Dorfmitte gesehen: Darauf lag aus Stein gehauen eine Schlange, den Kopf züngelnd erhoben. »Ja, das sei ihre Dorfgöttin«, bestätigte der Häuptling auf Singhs Frage, »wir beten sie täglich an und geben Opfer, daß sie uns in Ruhe läßt und beschützt.«

Singh ging auf das Zentrum des Evangeliums zu: »Vor Gott braucht sich keiner zu fürchten. Er hat uns Menschen lieb. Das ist gewiß. Er hat es bewiesen. Er hat seinen Sohn Jesus zu uns gesandt. Der ist für uns gestorben. Damit wir wirklich leben können. Damit unser Böses uns nicht kaputt macht. Wer diesem Gott Jesus vertraut, der hat das Leben, ein ewiges Leben. Wir können ohne Furcht leben.« Und immer wieder der Kernsatz: »Gott hat seinen Sohn für uns gegeben.«

Die Dorfbewohner hörten aufmerksam zu. Der Same des Wortes fiel auf aufnahmebereiten Boden. Singh war fertig. Da sprach der Häuptling: »Ist das wirklich wahr? Gott hat seinen Sohn schon für uns gegeben?« »Ja, das ist wahr«, bestätigte Singh. »Warum fragst du?« Dann brach es aus dem Häuptling heraus. Alle Dorfbewohner hörten mit. Er erzählte, daß sie im Dorf jedes Jahr zu Beginn der Regenzeit ihrem Schlangengott ein Kind opfern würden. Er verlangte das. Sonst komme Unglück über das Dorf. »Dieses Jahr ist mein jüngster Sohn dafür bestimmt worden.« Der Kleine, etwa zwei Jahre alt, stand neben seinem Vater. »Wenn aber Gott seinen Sohn schon gegeben hat, dann brauche ich meinen Sohn nicht mehr zu opfern!« Schweratmend schloß der Mann: »Ja, so ist es!« Singh konnte nur staunen. Hier war das Evangelium angekommen. Für dieses Dorf begann eine neue Zeitrechnung. Wir haben heute dort eine christliche Tagesschule.

Viktor – Rebell für Jesus

Ein zerfurchtes, kantiges Gesicht. Die harten Lebenslinien haben sich tief eingegraben. Bemerkenswert sind die strahlenden großen braunen Augen. Ich sprach mit Viktor. Er war auf der großen Evangelisationsversammlung in Vizag dabei. Ich hatte ihn angesprochen, und er erzählte aus seinem bewegten Leben.

Viktor war gerade dreißig Jahre alt. Seit seinem fünften Lebensjahr hatte er als rechtloser Landarbeiter, als Kuli, auf den Reisfeldern der Großbauern geschuftet. Seine Eltern hatten sich hoch verschuldet und Viktor »verkauft«. Er war – deutlich gesagt – ein rechtloser Sklave. Geld bekam er für seine Arbeit nicht. Er arbeitete ja die Schulden der Eltern ab. Die »Landlords«, die Großgrundbesitzer, behandelten ihn wie ein Tier.

Viktor heiratete, ebenfalls eine Schuldsklavin. Aber bei ihr fand er menschliche Nähe und Geborgenheit. Vier Kinder wurden geboren, davon drei Mädchen. Ein Unglück für Viktor. Wie sollte er je die Mitgift für sie aufbringen? Das fünfte Kind war unterwegs. Während der Schwangerschaft kam es zu Komplikationen. Ein Arzt mußte her. Viktor hatte kein Geld. Er flehte seine »Besitzer« an: »Helft meiner Frau!« Doch sie wiesen ihn kalt ab. Eine Frühgeburt. Viktors Frau starb dabei. Das Kind überlebte. Noch ein Mädchen. Noch ein Unglück. Viktor verzweifelte, wurde bitter. Immer öfter betrank er sich mit selbstgebrautem Reisschnaps. Er dachte an Selbstmord.

Schon oft waren die »Naxalites«, die kommunistischen Rebellen, gnadenlose Terroristen, heimlich in Viktors Dorf gewesen. Sie verkündeten den großen Befreiungskampf: »Die großen Bauern muß man bekämpfen. Das Land gehört allen. Ihr alle sollt frei werden. Kampf den Ausbeutern. Gerechtigkeit für die Ausgebeuteten!« Das waren ihre durchaus eingängigen Parolen. Einer sprach Viktor direkt an: »Komm zu uns. Mach mit bei unserem Kampf. Wir sorgen für deine Kinder!«

Viktor wurde ein Naxalite, ein Terrorist. Verbissen und hart machte ihn der Kampf. Mehrere Überfälle auf seine früheren Herren führte er an. Viktor wurde ein Mörder. Er kämpfte mit unstillbarem Haß. Innerlich war er aber dabei leer. Auch als Freiheitskämpfer war es ein jämmerliches Leben. Ständig von Armee und Polizei gejagt, immer auf der Flucht. Zweimal wurde Viktor angeschossen, überlebte. Er zeigte mir die tiefen Narben am Körper.

Viktor wurde sehr ernüchtert. Theorie und Praxis klafften bei seinen Mitgenossen weit auseinander. »Den Armen helfen, die Ausbeuter vernichten!« Gut klangen solche Parolen. Die Wirklichkeit sah anders aus. Auch von den »Kämpfern für Gerechtigkeit« suchte jeder nur sein Schäfchen ins Trockene zu bringen.

Wieder eine Nacht in einem Dschungeldorf. Dort hatte sich Viktor mit seinen Genossen versteckt. Spät am Abend versammelten sich die Dorfbewohner. Die Terroristen beobachteten sie aus ihrem Versteck.

Dann kam eine Gruppe von Leuten, weiß gekleidet. Einer begann zu reden. Es war einer unserer Evangelisten – Raju Bob –, der hier das Evangelium predigte. Viktor hörte zu, gut gedeckt in einem dichten Bambusdickicht. Das Wort Gottes traf ihn mitten ins Herz.

Spät in der Nacht trat der Evangelist den Heimweg an. Viktor schlich ihm nach. Es kam zu einem langen Nachtgespräch. In dieser Nacht wurde Viktor ein Christ. Er vollzog eine entschlossene Lebenswende. Viktor hatte die wirkliche Freiheit gefunden. Er änderte sein Leben radikal. Viktor wurde ein Rebell für Jesus. Dort, wo er vorher als Terrorist Angst und Schrecken verbreitet hatte, warb er nun für Jesus. Er vertauschte das Gewehr mit der Bibel. Die Christengemeinde sorgt nun für seine Kinder. Zwei sind in unserem Kinderheim. Viktor ist ein glücklicher Mann geworden. »Ich will den Menschen Freiheit bringen«, so sagte er mir, »wirkliche Freiheit bei Jesus Christus.«

Geheilt und gerettet

Paul lebt in einem Dschungeldorf im Siler. Er ist noch unverheiratet, zweiundzwanzig Jahre alt. Seit seinem achten Lebensjahr arbeitet er als Feldarbeiter, als Kuli, bei reichen Großbauern. Zehn Rupien – etwa fünfzig Pfennig – sind der Tageslohn für zehn Stunden Schufterei. Seine Mutter und sein Bruder haben ein kleines Stück Feld, das sie bebauen. Ihn konnten sie nicht mit ernähren.

Paul hat nie eine Schule besucht. Manchmal stand er versteckt am Bambuszaun der einfachen Dorfschule. Wenn er doch auch nur lernen könnte. Paul hat einen wachen Verstand, eine schnelle Auffassungsgabe. Aber keine Zeit für Bildung. Er muß überleben.

Schon früh stellt er das ganze System der Gesellschaft in Frage: Einige, die fast alles besitzen und viele, die sich zu Tode schuften müssen, unter der Armutsgrenze leben. So kann es doch nicht sein. Die Hindupriester beschwichtigen: »Lebe jetzt recht, gehorsam, willig, fromm. Im nächsten Leben kommst du dann eine Stufe höher.« Da ist Religion Beschwichtigung, Instrument zur Sicherung der Herrschaft der Wenigen. Der Hinduismus ist eine Brahmanen-Religion. Sie haben alle Vorteile. Die Armen können sich nur ducken und schweigen.

Immer wieder sind nächtliche, heimliche Besucher im Dorf. Die Naxalites, kommunistische Terroristen. In geheimen Versammlungen bringen sie ihre »Heilslehre« unter das Volk: »Tod den Ausbeutern, Freiheit für die Rechtlosen und Armen.« Mit vierzehn wird Paul Mitglied der Naxalites. Mit ganzem Einsatz setzt er sich für ihre Ziele ein. Bei ihnen, in den primitiven Dschungellagern, kann er auch lernen. Ein Lehrer gehört zu den Genossen. Er gibt Paul Unterricht. Paul lernt lesen und schreiben. Gierig saugt er die kommunistische Lehre in sich auf, kann Marx und Lenin zitieren. Er nimmt an den Überfällen teil, wird selbst zum Mörder. Einige Male faßt ihn die Polizei. Sie quälen und foltern ihn. Sein Körper zeigt die Spuren. Aber sie können dem Jungen nichts nachweisen, müssen ihn wieder laufen lassen. Sein Haß steigert sich.

Wieder ein Überfall. Aber der Großgrundbesitzer ist gewarnt worden. Soldaten erwarten die Terroristen. Ein schweres Feuergefecht, viele Tote auf beiden Seiten. Auch Paul wird schwer verwundet. Seine fliehenden Genossen nehmen ihn mit. In einem Dorf lassen sie ihn dann liegen. Er wird wohl sterben. Die Dörfler kümmern sich um ihn. Aber keine Medizin, kein Zauberer, kein Geisterbeschwörer kann helfen. Paul ist dem Tod geweiht.

Nach vier Tagen kommt einer unserer Evangelisten – Prasad – in dieses Dorf. Nach seiner Predigt bringen ihn die Dörfler zu Paul: »Kann dein Gott Jesus helfen?« Paul ist fast bewußtlos. Prasad betet über ihn, legt ihm die Hände auf. Es wird besser mit Paul. Jesus heilt ihn. Nach drei Tagen kann er aufstehen. Er besucht Prasad in seinem Dorf. Er will mehr über den Gott Jesus wissen. Sechs Monate »lernt« er bei Prasad. Dann wird Paul Christ. Er läßt sich taufen, gibt seinem alten Leben endgültig den Abschied.

Ebenso entschlossen wie als kommunistischer Terrorist wirbt er nun für Jesus. »Ich will in allen Dörfern, wo ich als Terrorist gewesen bin, nun von Jesus reden«, sagt er zu mir bei unserem Gespräch. Er wird vollzeitlicher – unbezahlter – Evangelist. Die Leute versorgen ihn mit dem Lebensnotwendigsten. Er lebt ohne jede Ansprüche, ganz im Dienst für Jesus.

Seine alten Genossen lauern ihm dreimal auf. Sie bedrohen ihn, schlagen ihn: »Wir hauen dir die Hände und die Beine ab!« – und das ist ernst gemeint. Schon zweimal haben die Terroristen auf diese Weise abtrünnige Genossen gestraft. Doch Paul sagt zu mir: »Ich habe ihnen gesagt: Ihr könnt mir das Leben nehmen. Aber ihr könnt mich nicht von meinem Gott Jesus wegbringen.«

Jesus hat ihn geheilt. Paul ist mehr als gesund geworden: Er hat die ewige Rettung gefunden. Nun ist er selbst Retter. Ich frage ihn: »Willst du nicht in unsere Bibelschule kommen und eine Ausbildung machen?« »Jetzt nicht«, ist seine spontane Antwort, »erst will ich in allen Dörfern, in denen ich die kommunistische Lehre verkündigt habe, Jesus bekanntmachen.«

James Paul – ein Leben
ganz für Jesus

James Paul war einer unserer Evangelisten der *Indien-Inland-Mission*. Er verkündigte das Evangelium tief im Dschungel. In Dörfern, die sonst noch nie vom Evangelium erreicht worden waren. Seine Frau und die vier Kinder sahen ihn nicht oft. Sie trugen aber seinen Dienst mit ganzem Herzen mit. Er war rastlos unterwegs. In zwei Jahren waren in den Dörfern im Orissa-Dschungel schon fünf christliche Gemeinden entstanden. Der Dienst von James Paul trug sichtbar reiche Frucht. Mehr als fünfzig Taufbewerber erhielten von ihm Unterricht.

Es regte sich entschlossener Widerstand. Radikalen Hindus war James Paul ein wachsender Anstoß. Sie nannten sich »Soldaten Schiwas« und betrachteten die entstehenden Christusgemeinden mit immer größerem Haß. Schon dreimal hatten sie James Paul aufgelauert, ihn blutig geschlagen, ihm gedroht: »Wir bringen dich um. Hör auf, von diesem Gott Jesus zu reden. Er ist ein ausländischer Gott, den wollen, den brauchen wir nicht!« James Paul ließ sich schlagen, blieb aber fest: »Ich muß von Jesus reden. Er ist der wahre Gott!« war seine schlichte Antwort.

Früh an einem Sonntag verabschiedete sich James Paul von Frau und Kindern. Er wollte in drei weiter entfernten Dschungeldörfern Gottesdienste halten. Die Leute warteten auf ihn. Er kam nicht weit. Die »Soldaten Schiwas« umringten ihn. Sie hatten sich die Schiwa-Symbole –

den Dreizack – in leuchtend roten Farben auf Gesicht und Arme gemalt. Der schwarze Balken auf der Stirn zeigte ihre Absicht zum Kampf. Alle waren bewaffnet: Gewehre, Knüppel, der Schiwa-Dreizack, Speer. James Paul erschrak zutiefst: »Das ist das Ende!« so dachte er. Aber dann erfaßte ihn eine tiefe Geborgenheit und Ruhe. So berichteten später zwei Begleiter. Er trat den Fanatikern entgegen: »Laßt die beiden gehen. Sie haben mit euch nichts zu tun!«

Die Soldaten Schiwas rissen ihm die Bibel aus den Händen, warfen sie in den Schmutz und traten darauf herum. James Paul bückte sich, hob die Bibel wieder auf. Ein schrecklicher Schlag traf seine Arme. Ein Dreizack wurde in seine beiden Hände gestoßen und zerriß sie. »Niemals mehr wirst du eine Bibel halten.« Ein Knüppel sauste auf seinen Kopf. James Paul sank auf die Knie. »Herr, vergib ihnen«, er betete mit letzter Kraft, wie sein Herr am Kreuz. Die Fanatiker begannen zu rasen. Sie rissen ihm die Kleider vom Leib. Die Knüppel schlugen umbarmherzig zu, mit dem eisernen Dreizack rissen sie seinen Körper auf. Sie trampelten auf ihm herum. Schließlich drückte einer seinen Kopf in eine Wasserpfütze. James Paul zeigte kein Lebenszeichen mehr. »So geht es allen, die diesem fremden Christengott Jesus nachlaufen«, unter Spott- und Haßworten zogen die Soldaten Schiwas ab.

Die zwei Begleiter kümmerten sich um den zerschlagenen Körper. Es waren noch leichte Lebenszeichen da. Einer lief und holte seine Frau Mamatmah. Sie kniete bei ihrem Mann im Schmutz, nahm ihn in ihre Arme. James Paul starb. Sein blutverkrustetes, zerschlagenes Gesicht zeigte jedoch eine tiefe Geborgenheit. »Jesus, du!« flüsterte er noch, dann war er daheim. Ein Märtyrer für Jesus.

Die Soldaten Schiwas wollten dem Evangelium ein Ende setzen. Das Gegenteil geschah: Der Tod James Pauls löste eine große Bewegung in den Dschungeldörfern aus. »Was ist das für ein Gott, für den ein Mensch so stirbt?« Hunderte von Dörflern wurden begierig nach dem Evangelium. Die Gemeinden dort in den Dschungeldörfern wachsen. »Und brachte Frucht . . . etliches hundertfältig.«

Der da oben war's

Die Frau weinte, war ganz aufgelöst. Sie trug ihren Jungen –
etwa sechs Jahre alt – auf dem Arm und streckte ihn den
beiden Frauen entgegen. Wiltrud, meine Frau, und Regina,
die Frau unseres indischen Missionsleiters Singh, gingen
gerade über das Missionsgelände in Vizag. Es war schon
dunkel. Sie blieben stehen. Sahen sich den Buben an. Er
glühte vor Fieber, hustete, rang nach Atem. Die Mutter
flehte, auf Telugu, in schnellen Sätzen. Regina übersetzte
für Wiltrud. Der Junge hatte mit anderen Kindern gespielt.
Im Spiel hatte er sich einen Stein an die Nase gehalten, die
Luft hochgezogen und – der Stein war weg. Er mußte jetzt
irgendwo in dem Jungen sitzen. In der Luftröhre, vielleicht
in der Lunge? »Helft meinem Jungen! Es wird immer
schlimmer. Er kann kaum mehr atmen.«

Regina zögerte. Im Krankenhaus war um diese Zeit
kein Arzt mehr. Einen Notdienst kennen indische Kran-
kenhäuser nicht. Da fiel ihr ein guter Bekannter ein. Er
war Arzt. Er könnte helfen. Martin, ein Mitarbeiter aus
Deutschland, fuhr den Jeep. Die Mutter saß mit ihrem Jungen auf der Pritsche. Qualvoll war sein röchelndes Husten
anzuhören. Die fünfzehn Kilometer bis zur Stadt schienen
endlos. Endlich die Praxis! Der Arzt wartete schon. Regina
hatte angerufen. Er untersuchte den Jungen. Dann griff er
zu einer langen, biegsamen Sonde. Martin konnte nicht
mehr hinsehen. Durch die Nase »verfolgte« die Sonde den

Stein und – fand ihn »ziemlich weit drinnen«, berichtete Martin nachher. Er wußte nicht genau wo. »Das war höchste Zeit«, hätte der Arzt noch gesagt. Wir sahen den Stein an. Martin hatte ihn mitgebracht. Unglaublich, daß man so einen großen Stein durch die Nase »verschlucken« kann.

Am nächsten Morgen. Da stand die Mutter wieder mit ihrem Jungen. Jetzt war er fieberfrei, atmete normal. Ein höchst agiles Kerlchen. Sie bedankte sich bei unseren beiden Frauen. Zum Schluß sagte sie immer wieder und zeigte nach oben: »Der da oben war's.« Sie wußte, wer wirklich geholfen hatte.

Die Schmach Christi tragen

Duschambe, eine Stadt unweit der chinesischen Grenze. Der südlichste Punkt unserer Reise durch die damalige Sowjetunion. Es war Hochsommer, schwül heiß. Wir suchten. Wir hatten eine Adresse unseres Missionsbundes *Licht im Osten*. In Duschambe gibt es eine christliche Gemeinde. Wir wollten den Jugendleiter besuchen. Vorsichtig sollten wir dabei sein. Wir würden, wenn wir in das Gemeindehaus gingen, gleich vom KGB beschattet werden. Könnten dann keinen Schritt mehr unbeobachtet tun, brachten die Geschwister vielleicht in Gefahr. Das waren Ratschläge, die uns aus Korntal mitgegeben worden waren. Es war damals noch die Zeit harter Bedrohung für die Christen in der UdSSR.

Schließlich fragten wir einen Passanten auf der Straße nach der Adresse, und er konnte uns weiterhelfen. Wir fanden das kleine Haus. Ein gepflegter Gemüsegarten umgab das kleine Anwesen. Aber es war niemand da. Wir hinterließen eine Nachricht mit unserer Adresse im Hotel. Am Abend meldete sich Viktor, der Jugendleiter, am Telefon. »Ich habe eure Nachricht gelesen.« Wir machten einen Termin für den Spätnachmittag des nächsten Tages aus. Diesmal fanden wir das Haus auf Anhieb. Viktor begrüßte uns herzlich. Es waren noch drei junge Frauen vom Jugendkreis da. Doch das Gespräch war seltsam stockend. Schließlich winkte uns Viktor. Wir gingen nach draußen in den Garten. »Ihr habt gestern einen Mann nach unserer Adresse gefragt?« vergewisserte sich Viktor. »Hier in unserem Land muß jedes Gespräch mit einem Ausländer sofort dem Sicherheitsdienst berichtet werden.« So war es auch hier wohl gewesen. Viktor sagte uns, daß er sichere Anzeichen hätte, daß der KGB am Morgen in seinem Haus gewesen wäre. Er war bei der Arbeit. Er hatte aber die vermutete Abhörwanze noch nicht gefunden. So sprachen wir eben bei einem Spaziergang im Freien.

Viktors ungesunde, fast gelbliche Blässe fiel mir auf. »Wo arbeitest du?« Er war in einer Gerberei beschäftigt. Mußte den ganzen Tag die säurehaltigen, stinkenden Felle von einer Gerbtrommel zur anderen karren. Handschuhe gab es, andere Schutzmaßnahmen nicht. »Ist das dein erlernter Beruf, Gerber?« »Nein.« Viktor erzählte, ganz einfach, ohne jede Bitterkeit. Er hatte in Moskau studiert. Atomphysik. Er war der beste Student seit langer Zeit. Immer Spitzennoten. Seine Professoren setzten größte Hoffnungen auf ihn. Eine glänzende Karriere stand ihm offen. Viktor wurde Christ. »Zufällig«, er lächelte, »kam ich in eine christliche Versammlung. Und dort hat mich Jesus gepackt«, so erzählte er. Er bekannte nach einiger Zeit seinen Glauben vor den Mitstudenten. Das gab Wirbel. Sein Professor ließ ihn kommen. »Das dulden wir nicht.« Er drohte mit dem Rausschmiß. Viktor blieb treu. Schließlich beschlossen die Professoren, daß er sein Studium abschließen könne. »Vielleicht gibt sich der religiöse Tick wieder.« Viktor machte ein Spitzenexamen. Dann aber kam die Entscheidung. Das Professorenkollegium stellte ihn vor die Entscheidung: Entweder Karriere oder Christ. Viktor wollte Christ bleiben. Alles Zureden, Überreden und Drohen half nichts. So wurde er nach Duschambe

»strafverschickt«. Mußte diese üble Arbeit tun. »Ich weiß, daß meine Lungen angegriffen sind, aber ich bin froh in Jesus.« Ohne jedes Pathos sagte er das.

Es ist nicht leicht für Viktor. Von Zeit zu Zeit kommt ein hoher Regierungsbeamter zu ihm. Er bietet ihm die Rückkehr nach Moskau an. Nur, er soll nicht mehr Christ sein. »Das reizt mich nicht mehr«, sagt Viktor. Ich kann nur staunen. »Hier habe ich so eine beglückende Gemeinschaft mit den christlichen Brüdern und Schwestern gefunden. Das erfüllt mein Leben.«

Am Abend waren wir dann in der Gemeinde. Chorprobe war angesetzt. Jugendarbeit war verboten. Singen erlaubt. Die Russen lieben die Musik. So wurde es eben ein »singender« Bibelabend. Der Chor stellte sich auf. Sie sangen in voller Lautstärke. Draußen parkte in Sichtabstand ein Auto des KGB. Sie sollten ja auch zufrieden sein. Dann sollte ich reden. Ich sagte ein biblisches Grußwort. Mitten drin stand der Chor wieder auf. Wieder »lautstark« ein Lied. Die KGB-Beobachter sollten ja zufrieden gestellt werden. Es wurde eine »unterbrochene Stückepredigt«. Dann wurde ich mit Fragen bestürmt. Die jungen Christen waren ja abgeschnitten von jeder Information. Sie fragten nach der kirchlichen Situation in Deutschland. Auch alle Berichte aus der Missionsarbeit in anderen Ländern interessierten sie brennend. Dazwischen immer wieder ein tönendes Lied. Schließlich biblische Fragen. Hauptsächlich zum Buch der Offenbarung, auch zu Daniel. Sie kannten sich erstaunlich gut aus. Sie verstanden ihre unterdrückte Lage im Licht dieser biblischen Linien der Endzeit.

Plötzlich, mitten im Gespräch, nahm mich ein junger Mann am Arm und führte mich schnell durch einen Hintereingang nach draußen. Der Chor sang wie auf Kommando. »Eben ist ein junger Mann gekommen. Der ist ein Spitzel des KGB«, flüsterte mir mein »Entführer« zu. Im Hotel konnten meine Frau und ich nur danken für den Glaubensmut dieser Geschwister. Wir beten für Viktor. Daß er treu bleiben, ein Zeugnis bleiben darf.

Der Überfall

Schirinaj Dossowa, die Straßenmissionarin aus Moskau, war zu Gast in unserer Gemeinde in Dettingen. Sie berichtete aus ihrem Dienst. Täglich stand sie auf dem Arbad, der großen Moskauer Fußgängerzone, und verkündigte Jesus: »Die Situation ist nicht mehr so offen wie gleich nach der ›Wende‹«, erklärt sie. Heute wird sie schon einmal rüde angepöbelt, und manchmal vertreibt sie auch die Miliz. Sie hat auch andere Plätze gefunden. Vor den Eingängen der U-Bahn-Stationen. Dort sind immer sehr viele Menschen. Zwar sind sie in der Regel in Eile. Trotzdem bleiben immer wieder Leute stehen und hören ihre Verkündigung. »Gott handelt. Menschen bekehren sich«, berichtet sie bewegt. »Ich bin dankbar, daß ich Werkzeug zur Rettung, zur ewigen Rettung sein darf. Wir wissen nicht, wie lange uns die Türen noch so offen sind. Die Botschaft von Jesus hat Eile«, sagte sie ernst. Erst vor wenigen Wochen war sie von der Polizei vorgeladen worden. Sie kannte manche Gesichter noch aus den »alten Zeiten«. Auch den Vernehmungsbeamten. Jetzt ein »gewendeter« Kommunist. Aber die Sprache hatte sich kaum verändert. »Hier drin haben wir alles über dich«, er hatte die Hand auf dem dicken Aktenordner, »wenn die Zeit kommt …«, er redete nicht weiter. Brauchte es auch gar nicht. Die Dossowa hatte schon verstanden.

Spät an einem Abend ging die Dossowa heim, so erzählte sie weiter. Den ganzen Nachmittag hatte sie an der

U-Bahn Menschen zu Jesus eingeladen. Sie war müde. Eilig ging sie durch die schwach beleuchteten Straßen. Da hörte sie Schritte hinter sich. Immer im Gleichklang. Sie ging schneller. Die Schritte wurden schneller. Sie ging langsamer. Die Schritte wurden langsamer. »Ich bin keine ängstliche Person«, sagte sie, »aber die Moskauer Zeitungen sind täglich voll von Berichten über Überfälle. Moskau ist eine kriminelle Stadt geworden.« Jetzt rannte sie fast, bog um die Ecke und flüchtete sich in einen Hauseingang. Doch der »Verfolger« hatte sie entdeckt. Ein großer, breitschultriger Mann. »Was wollen sie?« Schirinaj fragte mit gewollt lauter Stimme. »Kennen sie mich nicht mehr?« Ihr Gegenüber hatte offenbar keine bösen Absichten. »Ich habe sie vor zwei Jahren auf dem Arbad gehört und bin damals Christ geworden.« Eine schwache Erinnerung kam der Dossowa.

Dann sprach der Mann weiter. »Jetzt bin ich so unglücklich. Ich habe mein altes Leben wieder angefangen. Helfen sie mir!« Dort, in dem dunklen, zugigen Hauseingang kam es zu einem langen Nachtgespräch. Der Mann sprach vor ihr den ganzen Schmutz seines Lebens aus. Er wollte neu anfangen. Schließlich knieten beide auf den ausgetretenen Treppenstufen, und er übergab sein Leben ganz neu an Jesus. »Sie hat mir Jesus geschickt. Ich war so froh, als ich sie vor der U-Bahn erkannte. Ich wußte, das ist meine große Möglichkeit zum Neuanfang.« Fröhlich zog jeder dann seine Straße.

Dramatisch erlebte sie die Tage des Putsches gegen Gorbatschow. Sie hörte die Nachricht im Radio zu Hause. »Jetzt ist alles aus. Die alten Zustände kommen wieder«, dachte sie. »Und ich habe noch so wenig für Jesus getan«, das trieb sie nun. Sie hörte vom Aufmarsch der Panzer. Die Belagerung des Präsidentenpalastes. Ein Bürgerkrieg, schlimmes Blutvergießen drohte. Die Dossowa packte einen großen Rucksack voll mit Neuen Testamenten und ging zum Präsidentenpalast. Sie schlüpfte durch die Absperrungen. Dann stand sie vor den Panzern. Riesige Kolosse aus Stahl, drohende Kanonenrohre, und die kleine, fast zerbrechliche Frau. Sie öffnete ihren Rucksack, stieg auf die Panzerketten und gab den überraschten Soldaten jedem ein Neues Testament. Kaum einer wies es zurück. »Schießt nicht!« beschwor sie die Soldaten, »haltet Frieden.« »Das sage den Oberen«, bekam sie zur Antwort. »Es war das herrlichste Geschenk für mich«, sagte die Dossowa, »daß es nicht zum Bürgerkrieg kam, sondern der Putsch fast unblutig zu Ende ging. Jetzt haben wir noch Zeit für die öffentliche Verkündigung des Evangeliums. Ich will sie nützen.«

Alles zum Besten dienen

Roger und Anita hatten geheiratet. Sie planten eine ungewöhnliche Hochzeitsreise: »Wir fahren eines eurer Autos in die Tschechoslowakei«, erklärten sie unserem Missionsleiter bei *Licht im Osten*. Das war damals, Mitte der achtziger Jahre, noch ein sehr riskantes Unternehmen. Es durften ja in den Ostblock keinerlei christliche Literatur oder gar Bibeln eingeführt werden. Unsere Mission schmuggelte Bibeln. Schmuggler für Gott. In den seltsamsten Verstecken. Im doppelwandigen Benzintank, in einem raffiniert eingebauten Zwischendach, in den Seitenwänden, in Geheimfächern und, und, und ... Wir hatten eine Spezialabteilung bei *Licht im Osten* für solche Einbauten. »Habt ihr euch das gut überlegt. Ihr wißt, das kann gefährlich werden. Und gerade auf eurer Hochzeitsreise?« unser Missionsleiter blickte zweifelnd. Doch sie lächelten. »Das ist doch die beste Tarnung. Und – wir wollen zusammen etwas für Jesus tun!«

Also fuhren die beiden los. Ein VW-Bus, »komplett« ausgestattet, aussehend wie ein normaler Campingbus. Die beiden wußten nicht, wo die Literatur versteckt war. Das war zu ihrem eigenen Schutz. Nur die Abladeadresse hatten sie auswendig gelernt. Die Leute dort kannten die Verstecke. Auf geheimen Wegen waren sie informiert worden. Sie würden den Bus »entschärfen«. Ein kurzer Halt vor der Grenze. Roger und Anita beteten: »Herr Jesus, begleite du uns jetzt. Wir vertrauen dir.« Die drohenden Grenzanlagen: Wachtürme, dreifacher Stacheldrahtzaun, Hunde an den Leinen, Betonklötze. Das graue, langgestreckte Abfertigungshaus. Langsam rückte die Autoschlange vor. Da kam ein Beamter auf den Bus zu. Zwei Soldaten mit Maschinenpistolen flankierten ihn. Sie winkten Roger und Antia aus der Schlange der wartenden Autos. Ein Nebenparkplatz: »Beide aussteigen, sofort«, hieß es in barschem Ton. In einwandfreiem Deutsch befahl der Beamte. Die Soldaten richteten ihre Gewehre auf sie. Dann kamen drei Männer in Overalls. Schnell durchsuchten sie den Bus. Versteck um Versteck öffneten sie. Die Bibeln stapelten sich auf einem Steintisch. Roger und Anita sahen wie betäubt zu. Sie mußten verraten worden sein. Jemand hatte vorab genaue Informationen geliefert. (Bis heute wissen wir von *Licht im Osten* nicht, wer.)

Dann wurden beide in Handschellen abgeführt, getrennt. »Kopf hoch, vertraue auf Jesus«, rief Roger Anita noch zu. Sie schlugen ihm auf den Mund. Endlose Stunden des Wartens in einem völlig kahlen Raum. Eine ausgeklügelte Zermürbungstaktik. Schließlich ein Offizier in Uniform. Endlose Fragen. Immer wieder die gleichen: »Wer hat sie geschickt? Wo sollten sie die Bibeln hinbringen? Wer bezahlt sie? Für wen spionieren sie?« Roger schwieg. Außer seinem Namen und seiner Adresse sagte er nichts. Ein rundlicher Mann in Zivil löste den Offizier ab. Eine andere Taktik. Er war die Freundlichkeit in Person: »Wir wissen, daß sie mißbraucht wurden. Sie tun uns leid. Wer hat sie so hereingelegt? Wer will ihnen hier in der Tschechoslowakei so schaden? Sie brauchen mir nur die Namen zu nennen und sie sind frei. Dann können sie wirklich auf Hochzeitsreise gehen.« Doch Roger schwieg. »Ihre Frau hat uns schon alles gesagt. Es geht ihr gar nicht gut. Sie brauchen ihre Aussage nur noch zu bestätigen.« Doch Roger blieb standhaft.

Die Beamten ließen ihn abführen. Hinein in einen geschlossenen Wagen. Spät nach Mitternacht saß Roger in einer Zelle im Hochsicherheitsgefängnis der nächsten Stadt. Es bedrängten ihn schon Fragen: »Wie geht es Anita? Wo ist sie? Was tun sie mit ihr?« (Sie wurde nach drei Tagen über die Grenze abgeschoben.) »Warum ist das jetzt so gekommen? Wollte, konnte Jesus nicht helfen? War unser Beten nutzlos?« Roger schaute sich in seiner Zelle um. Da erst entdeckte er, daß er noch einen Zellengenossen hatte. Auf der oberen Pritsche, fast ganz von einer Decke verhüllt, lag eine Gestalt. Er sprach ihn an, und – der Mitgefangene konnte deutsch. Zuerst war er sehr abweisend. Doch dann erfuhr Roger seine Geschichte. Vaclav war der Sohn eines hohen Staatsbeamten. Die Polizei hatte ihn beim Dealen, beim Rauschgifthandel, erwischt. »Was für eine Schande für meinen Vater«, Vaclav war völlig durcheinander. »Warum bist du hier?« fragte er Roger. Er fand es unglaublich, daß einer Bibeln schmuggelte. Ihn interessierten die Motive. Roger erzählte von Jesus, bezeugte seinen Glauben. Es wurde ein langes Nachtgespräch. Früh am Morgen sagte Vaclav unter Tränen: »Ich wollte mir eigentlich in dieser Nacht das Leben nehmen. Da, sieh die Rasierklinge. Aber jetzt bist du gekommen.« Roger war tief bewegt. Jetzt hatte er eine erste Antwort auf seine Warum-Frage.

Immer wieder wurde Roger verhört. Die Ungewißheit über Anita quälte ihn. Die immer gleichen Fragen zermürbten ihn fast. Schließlich kündigte ihm ein Offizier an, daß er sich einer Gerichtsverhandlung stellen mußte. Er hatte bisher nichts verraten.

Wir von *Licht im Osten* setzten alle Hebel in Bewegung, um Roger zu helfen. Kontakte nach Bonn, diskrete diplomatische Kanäle, Geschäftsleute, die in der CSSR tätig waren. Doch es bewegte sich nichts. Roger blieb im Gefängnis. Da riefen wir unsere Missionsfreunde zu einer Kartenaktion auf. Jeder sollte Roger eine Postkarte ins Gefängnis schreiben. Nur: »Wir denken an dich, beten für dich.« Auf der Karte sollte ein Bibelwort, ein Liedvers oder ein schönes Bild sein. Roger erzählte mir später: »Die Gefängnisverwaltung war ratlos. Hunderte von Karten jeden Tag. Im ganzen waren es zuletzt über 7000 Postkarten.« Die Mitgefangenen staunten, waren tief bewegt von der Solidarität, von der Liebe der Christen untereinander. »Dürfen wir deine Karten sehen?« Die Grußkarten gingen von Hand zu Hand. Viele ließen sich die Bibelworte, die Liedverse übersetzen. Großevangelisation im Hochsicherheitsgefängnis. Roger hatte viele Fragen zu beantworten. Es kam zu vielen lebensverändernden Gesprächen.

Nach drei Monaten wurde Roger überraschend freigelassen, abgeschoben. »Gott hat mir Türen geöffnet, von denen ich nie zu träumen wagte! Jetzt weiß ich, warum ich ins Gefängnis mußte. Da hat mich Jesus gebraucht.« So versicherte er mir, noch etwas bleich und abgemagert, aber mit strahlenden Augen.

Er fiel unter die Räuber

Mit fünfzig Studenten vom Albrecht-Bengel-Haus waren wir in Israel. Vier Wochen im Kibbuz. Wir arbeiteten mit, auf der großen Obstplantage. Äpfel und Orangen ernten. Nathan war unser Vorarbeiter. Jeden Morgen um 3.30 Uhr – mitten in der Nacht also –, am Tag war es zu heiß zum Arbeiten, zogen wir mit ihm auf die Plantage. Er war ein kleiner, drahtiger Mann, hatte alle Kriege Israels an vorderster Front mitgemacht. Ein richtiger Haudegen. Voll Stolz erzählte er Kriegserlebnisse. Wie die ägyptischen Soldaten im Sinai geflohen wären. »Sie ließen sogar alle ihre Stiefel stehen und rannten barfuß, um ja schnell wegzukommen.« Wie sie mit List eine jordanische Eliteeinheit vertrieben hatten. Die hielten eine eigentlich uneinnehmbare Stellung auf einem Berg an der Straße zwischen Tel Aviv und Jerusalem. Der ganze Nachschub war blockiert. »Wir hatten nur zwei Panzer«, erzählte Nathan. »Die ließen wir in der Nacht mit vollem Gedröhn und aufgeblendeten Lichtern um den Berg fahren.« Auf die Panzer waren Lautsprecher montiert, die die Geräusche x-mal verstärkten. Alle verfügbaren Traktoren aus der Gegend fuhren mit aufmontierten Scheinwerfern hinter den beiden Panzern her. Immer wieder um den Berg. So daß der Eindruck einer großen Panzerarmee entstand, die sich zum Angriff formierte. »Die jordanischen Soldaten sind in der Nacht geflohen«, berichtete Nathan lachend, »wir nahmen den Berg am nächsten Morgen ohne einen Schuß.«

»Ihr hättet aber nicht so gewinnen können in euren Kriegen, wenn euch nicht Gott selbst geholfen hätte«, sagte da ein Student zu ihm. »Wenn wir uns auf Gott verlassen hätten, wären wir längst verlassen«, war Nathans trotzige Antwort. Es ist noch das »blinde« Israel, das seine letzte göttliche Lektion erst noch lernen wird: »Es soll nicht durch Heer oder Kraft, sondern durch meinen Geist geschehen, spricht der Herr Zebaoth« (Sach 4, 6).

Abraham Sinai war unser ständiger Betreuer. Weit über siebzig Jahre, ein Pionier der ersten Stunde. Schon 1910 war er aus Polen eingewandert. Er war Mitgründer des Kibbuz. Er erzählte immer wieder von den Anfängen. »Mit Gewehr und Spaten haben wir dieses Gebiet entwässert. Es war ein einziger Sumpf. Malariagefährdet. Mit dem Spaten zogen wir Entwässerungsgräben. Mit dem Gewehr verteidigten wir uns gegen die arabischen Banden.« Aus dem Malariasumpf wurde fruchtbares, blühendes Land. Sie hatten den Sumpf einem arabischen Scheich in Damaskus abgekauft. Ganz legal. Der lachte sich ins Fäustchen. Er hatte für dieses »wertlose« Land einen unverschämt hohen Preis gefordert und – erhalten. Als er sah, was die Juden aus dem Sumpf gemacht hatten, forderte er das Land wieder zurück. Es kam zu erbitterten Kämpfen. Die Siedler blieben Sieger. Jahre später bestätigte ihnen auch ein Gericht den legalen Besitz.

Unvergeßlich der Nachmittag mit Abraham auf Meggido. Wir standen oben auf dem »Trümmerberg«, einst stolze Burg des Salomo. Uralte Stadt. Unter uns breitete sich die weite, fruchtbare Jesreelebene. Die Kornkammer Israels. Abraham nahm seine hebräische Bibel und las ehrfürchtig Hesekiel 37. Das große Verheißungskapitel von den wiederbelebten Totengebeinen. Still sagte er dann: »Und das geschieht jetzt. Die zusammengerückten Totengebeine sind wieder mit Fleisch und Haut überzogen. Israel lebt wieder.« »Es ist aber noch kein Odem in ihnen«, dachte ich bei mir. Israel ist noch nicht wirklich erwacht. Noch sehen sie ihren Messias Jesus Christus nicht. Erst wenn sie ihn als den »einzigen Hirten« anbeten und ihm folgen, dann wird Israel leben, wirklich leben.

Nach der Zeit im Kibbuz mieteten wir uns einige VW-Busse und fuhren durch das ganze Israel. Durch den Negev bis Elat. Wir waren einfachst unterwegs. Übernachtungen höchstens in Jugendherbergen. Nichts mit Hotels. Die konnten wir uns nicht leisten. In Elat war's noch einfacher. Es war sehr warm. Auch nachts noch fast dreißig Grad. Wir schliefen auf dem schönen Rasen vor dem Postamt. Den Schlafsack als Kopfkissen, und fertig war das Bett. Zwar hatte man uns gewarnt: »Es gibt hier immer wieder Überfälle«, aber – wir waren nicht ängstlich. Spät nach Mitternacht. Jemand weckte mich. Es war Matthias. Er hatte in meiner Nähe geschlafen. »Sie haben mich bestohlen«, sagte er. Zwei dunkle Gestalten hatten sich an ihn herangeschlichen. Er war dabei aufgewacht. Blieb völlig still. Mit einem Messer hatten sie ihm die Schnur um den Hals abgeschnitten, an dem sein Beutel mit den Wertsachen hing. »Gott sei Lob und Dank, daß du dich nicht gewehrt hast«, meinte ich tief erleichtert. Allzuschnell hätte das Messer … Wir wollten gar nicht weiterdenken.

Doch dann gingen wir auf die nahe Polizeistation. Der einzig anwesende Polizist bedauerte: »Ich kann die Station nicht verlassen.« Dann aber gab er uns einen guten Rat: »Es gibt drei Szenenlokale.« Er nannte uns die Namen. »Geht dorthin und sagt dem Mann an der Theke, daß ihr den Paß und die anderen persönlichen Dinge wiederhaben müßt«, die Ganoven haben es nur auf das Geld abgesehen.« Wir folgten seinem Rat und zogen durch die Szene. Es waren schon abenteuerliche Spelunken mit Typen, denen ich nicht nachts auf der Straße begegnen wollte.

Und tatsächlich. Nach etwa einer Stunde kam ein Junge zu mir vor dem Postamt. »Das ist für euch abgegeben worden«, und schon war er verschwunden. Es war der Brustbeutel. Alle Dokumente da. Das Geld war weg. Aber wir waren für alle Bewahrung tief dankbar.

Was ist heilig?

Die Sonne brannte. Im Reisebus war es ruhig. Wir waren – eine Gruppe Dettinger Gemeindeglieder – in Israel unterwegs. Auf dem Berg der Seligpreisungen hatten wir die Bergpredigt gelesen. Dort auch unsere tägliche Bibelarbeit gehalten. Nun waren wir auf dem Weg zu den Ruinen des alten Kapernaum. Da gab es im Bus Bewegung. »Er hat nur kurze Hosen an«, ich hörte mit halbem Ohr zu. Am Morgen hatte ich vor der Abfahrt ausdrücklich darauf hingewiesen, daß heute »schickliche« Kleidung nötig sei. Bedeckte Arme und Beine. Die Wächter an den »heiligen« Stätten waren hier unerbittlich. Nun hatte ein Mann nur kurze Hosen an. Doch die Frauen wußten Rat. Eine hatte eine lange Jacke dabei. Die wurde dem Kurzbehosten kunstvoll um die Taille drapiert. Nun waren die Beine bedeckt. Doch der Mönch am Eingang zum Ausgrabungsgelände hatte scharfe Augen: »Nein, Sie können hier nicht hinein. Ihr Aufzug ist nicht angemessen.« Alles Verhandeln half nichts. Er mußte zurückbleiben. Hier war ein »heiliger Ort«. Holy Place.

Was ist eigentlich heilig? Ich kam mit der Gruppe in ein Gespräch. Heilig – das ist biblisch eigentlich ein Beziehungswort, wörtlich übersetzt: »ausgesondert für«. Nicht Orte, Gegenstände, Dinge sind von heiliger Qualität, sondern die Beziehung, die Gemeinschaft mit dem ewigen Gott macht uns Christen zu Heiligen. »Heilig« bezeichnet

66

biblisch keine Qualität, sondern eine Verbindung. »Warum nennen wir dann Israel das Heilige Land?« fragte einer. Es ist nicht richtig, wenn wir damit eine Qualität ausdrücken wollen. Es ist Unsinn, die kleinen Dosen mit »heiliger Erde« oder die Fläschchen mit »heiligem Jordanwasser« zu kaufen, die überall feilgeboten werden. Das ist doch ganz normale Erde wie überall und normales Wasser. »Die Königin von England ließ alle ihre Kinder mit extra eingeflogenem Jordanwasser taufen«, wußte einer zu berichten. »Da liegt auch die Königin von England falsch«, sagte ich. Heiliges Land, so kann man Israel nur in dem Sinn nennen: Dieses Fleckchen Erde hat Gott ausgesondert für sein Volk Israel. In diesem Land hat er seinen Sohn Jesus Mensch werden lassen. Dort auf dem Ölberg in Jerusalem wird sich Christus bei seiner Wiederkunft zeigen. So ist Israel heilig. Es ist Land in dem Gott in besonderer Weise gehandelt hat, handelt und endgültig handeln wird bei der Heilsvollendung.

Nachher fuhren wir mit dem Schiff über den See Genezareth nach Tiberias. Etwa auf der Mitte des Sees stellte der Kapitän die Maschinen ab. Ruhig schaukelte das Boot in leichtem Wellengang. Dann lasen wir den biblischen Bericht, wie Jesus dem wütenden Sturm und den tobenden Wellen damals geboten hatte: »Schweig und verstumme.« Und die Elemente mußten sich ihm beugen. Mit Gebet und einem Loblied antworteten wir. Dann blieben wir einfach still. Das waren »heilige« Augenblicke. Heilig deshalb, weil jeder ganz persönlich die lobende, anbetende Gemeinschaft mit seinem Herrn suchte.

Nach der Übernachtung in einem Kibbuzgästehaus direkt am See fuhren wir am nächsten Tag über den Karmel ans Mittelmeer. Caesarea, die einst prächtige Römerstadt, stand auf dem Programm. Im Bus wurde es immer unruhiger. Einige Reiseteilnehmer klagten über Magen-Darm-Beschwerden. Auch ich hatte ein mulmiges Gefühl im Bauch. Irgend etwas beim Abendessen? Medizin wurde ausgetauscht. Jeder hatte sein »Heilmittel« dabei. Ernsthafter wurde aber niemand krank.

In Caesarea blieb ich im Bus. Auch Frau S. stieg nicht aus. Ich schlief ein wenig ein. Da hörte ich ein lautes Geräusch. Ein Stöhnen und Gurgeln. Ich fuhr auf. Frau S. lag bewußtlos umgesunken auf der hintersten Sitzbank. Geisterhaft bleich, die Gesichtszüge verzerrt. Ich wußte nicht, was tun. In der Reisegruppe waren zwei Krankenschwestern. In fieberhafter Eile suchte ich sie. »Das ist ein schwerer Herzanfall.« Frau S. kam langsam wieder zu Bewußtsein. Wir lieferten sie in Caesarea im Krankenhaus ein. Würden wir sie wiedersehen? Es war wie eine große Last auf der ganzen Reisegruppe. Doch dann nach zwei Tagen die gute Nachricht. Wir dürften sie aus dem Krankenhaus abholen. Gott hatte gnädig durchgeholfen. Ganz kindlich sagte sie: »Ich hatte keine Angst. Es wäre auch schön gewesen, in Israel zu sterben.«

Dann waren wir in Jerusalem. Gewiß ein Höhepunkt jeder Israelreise. Dort kam es auch zu einer bewegenden Stunde mit unserem israelischen Reiseleiter. Arie war ein spröder Mann, aber sehr sachkundig. Ein hervorragender Guide. Doch er blieb auf Distanz, ironisch, manchmal spöttisch. Bei den Bibelarbeiten setzte er sich immer abseits. Aber in Hörweite. Er nahm dann sein Messer, schnitzte an einem Stück Holz, scheinbar uninteressiert. Aber er hörte genau zu. Seine Bemerkungen im Laufe des Tages zeigten das deutlich.

Nun standen wir mit ihm an der Klagemauer, der Westmauer. Letzter Rest des zerstörten Tempelgeländes.

Er begann zu erklären. Dann, ganz unmerklich kam er ins Erzählen. Das paßte zunächst gar nicht hierher. Er war Offizier im Jom-Kippur-Krieg im Sinai gewesen. Hatte dort eine Panzertruppe befehligt. Er sprach von dem schnellen Vormarsch auf den Suezkanal zu. Von harten Panzerschlachten. »Wir waren gerade in einem Feuergefecht«, so erzählte er, »da hörte ich in meinem Radiogerät einen Satz, der mich tief packte: Die Kinder sind an der Mauer.« Ich wußte, was das bedeutete. Unsere Soldaten hatten die Klagemauer erobert. Ich gab Befehl, den Kampf abzubrechen. Wir setzten uns vom Gegner ab. Und dann waren wir alle tief bewegt. Viele weinten.« Noch jetzt zitterte seine Stimme. »Das war die heiligste Stunde in meinem Leben«, schloß er. Er hatte unser Gespräch in Kapernaum nicht vergessen. Der distanzierte Ironiker hatte uns einen Blick in sein Innerstes tun lassen. Es ist eben doch etwas Besonderes um Israel, das Volk Israel, Jerusalem. »Heiliges Land« – Land, in dem Gott besonders handelt. Bis heute.

Die Wüste –
Ort des Wesentlichen

Eindrucksvoll die grandiose Weite der Wüste. Vom Suez-kanal kommend fuhren wir – eine Dettinger Reisegruppe – durch die Wüste Sinai. Topfeben zunächst die gewaltige Sandwüste. Ein phantastisches Bild: Majestätisch zog ein großes Schiff über den Horizont. Mitten in der Wüste. Der Suezkanal lag erst einige Kilometer hinter uns. So kam diese Sicht zustande.

Ich ließ den Bus anhalten. Mitten in der Einöde. In der Ferne ragten einige Felsen auf. Die Reisegruppe schaute zunächst verständnislos. »Wir gehen hinein in die Wüste«, sagte ich. Dann setzten wir uns auf den Boden. Ich bat darum, daß jeder ganz ruhig sein sollte. Es war eine staunenswerte Erfahrung. Fast völlige Stille. Das Knacken des Omnibusmotors war sogar zu hören, der abkühlte. Jedes Füßescharren, jedes Räuspern war zu hören. Manchem wurde es ganz unheimlich zumute. Wir sind in unserer lärmdurchfluteten Zivilisation wirkliche Stille gar nicht mehr gewohnt. Ihr vielleicht auch nicht mehr gewachsen. »Ich habe sogar meinen eigenen Herzschlag gehört«, sagte einer nachher.

»Die Wüste ist der Ort des Wesentlichen«, später in einer Oase, im Schatten von Palmen faßte ich zusammen. Unter den Bedingungen des Lebens in der Wüste fallen alle Äußerlichkeiten weg. Geistlich gesprochen: Gott führt unser Leben manchmal in die Wüste von Krankheit, Not oder Leiden. Da zeigt sich, ob unser Glaube kernecht ist oder nur furniert. Die Wüste ist auch der Ort der Versuchung. Jesus selbst hat das durchlebt. In der Wüste trat der Satan zu ihm. Wir wissen und erleben als Christen: »Selig ist der Mann, der die Anfechtung erduldet; denn nachdem er bewährt ist, wird er die Krone des Lebens empfangen, die Gott verheißen hat denen, die ihn lieb haben« (Jak 1, 12). Die Wüste ist der Ort der Führung. Vierzig Jahre hat das Israel erlebt. Gott führt das Volk in der Wolken- und Feuersäule. Er versorgt sie jeden Tag mit Manna. Vierzig Jahre lang mußte keine Hausfrau in Israel überlegen: »Was koche ich morgen.« Wer sich Jesus anvertraut, ist versorgt. Die Wüste ist der Ort der Begegnung. Da erscheint Gott Mose im brennenden Dornbusch. Er erfährt die Herrlichkeit Gottes (2. Mose 3, 5): »Zieh deine Schuhe von deinen Füßen; denn der Ort ... ist heiliges Land.« Und die Wüste ist der Ort der Entscheidung: Dort fragt Gott Israel: »Willst du meiner Stimme gehorchen?« Am Gottesberg fällt für Israel die Entscheidung! Sollten wir von all dem her nicht unsere »Wüstenstrecken« mit ganz neuen Augen sehen? Sogar danken lernen dafür?

Dann sind wir am Mosesberg. Der Aufstieg, nachts um drei Uhr. Ein strahlender Sonnenaufgang. Wir stehen bewegt auf dem Gipfel, singen Loblieder, Jesuslieder. Es ist nicht wesentlich, ob es dieser Berg war. Die Gelehrten streiten sich darüber. Wir hängen nicht an Orten. Doch hier, in dieser grandiosen Wüstenwelt, hat Gott Mose, Israel seinen Willen in den Zehn Geboten offenbart. Hier redete Gott mit Mose »wie mit einem Freunde«. Hier schließt Gott seinen Bund mit Israel, der hinzielt auf den neuen Bund, den Jesusbund. Wir stehen auf dem »Mutterboden« des Evangeliums. Gott ist kein fernes Geistwesen. Er handelt wirklich und umfassend hier auf der Erde, hier in unserer Geschichte. Damals wie heute. Wir beten nicht die Steine des Mosesberges an, sondern loben den lebendigen, handelnden Gott.

Wir fuhren weiter durch die Wüste. Es wird belebter. Einige Kamele neben der Straße. Am Horizont schwarze Zelte der Nomaden. Wieder ließ ich den Bus halten. Wir gingen etwa hundert Meter über steiniges Geröll in einem vertrockneten Wadi. Es war um die Mittagszeit. Glühend heiß brannte die senkrecht stehende Sonne. Da stand eine Schirmakazie. Unter ihren breiten, weitausladenden Fächerzweigen konnten sich alle fünfzig Reiseteilnehmer bequem im Schatten versammeln. Dann las ich Psalm 91: »Wer unter dem Schirm des Höchsten sitzt und unter dem Schatten des Allmächtigen bleibt, der spricht zu dem Herrn: Meine Zuversicht und meine Burg, mein Gott, auf den ich hoffe.« Der Psalmbeter nimmt hier die Schirmakazie zum Bild. Mitten in der glühenden Wüstenhitze Schatten, Wohltat, Kühlung, Lebensmöglichkeit.

Wir fuhren weiter. Immer wieder Verkehrszeichen: Ein Auto, das durch Wasser fährt. Vorsicht! Wo soll hier in der Wüste Wasser sein? Weit und breit nichts zu sehen. Doch, es stimmt. In der Wüste Sinai sind schon mehr Menschen ertrunken, als verdurstet. Auf unserer Israelreise zwei Jahre vorher hatte ich es mit einer Gruppe erlebt. Wieder waren wir auf der Rückfahrt vom Mosesberg durch die Wüste. Es war diesig. Ungewöhnlich, Wolken am Himmel. Und dann staunten wir: Mitten in der Wüste. Es regnete. Ein kurzer, aber ziemlich heftiger Schauer. Dann war es vorbei. Abends im Hotel in Elat trafen wir den Rest unserer Reisegruppe wieder. Sie waren nicht mitgefahren zum Mosesberg. Sie erzählten, und der Schreck stand ihnen teilweise noch im Gesicht. Sie hatten einen Ausflug zum Red Cañon, einer tief eingeschnittenen Schlucht bei Elat, gemacht. Als sie die Schlucht schon beinahe durchwandert hatten, war plötzlich ein kleines Wasserrinnsal um ihre Füße. Der Reiseführer drängte zu höchster Eile. Und tatsächlich, kaum hatten sie den Ausgang erreicht, da schoß eine richtige Flutwelle durch den Cañon. Da regnete es an irgendeiner – sogar oft weit entfernten – Stelle in der Wüste. Das Wasser sammelt sich und schießt dann durch die vertrockneten Wadis, wo niemand drauf gefaßt ist. Deshalb die Achtung-Schilder, scheinbar unsinnig und doch von höchster Wichtigkeit.

hänssler

Heiko Krimmer

Erlebnisse mit Gott

Wie Jesus auch heute noch hilft
27 Kurzgeschichten
Tb., 80 S.,
Nr. 56.912,
ISBN 3-7751-1915-9

Hift Jesus tatsächlich heute noch?
Was erleben Menschen mit Gott – beim Unfall, in schwerer
Krankheit, auf dem Missionsfeld, in Lebensgefahr ... ?
Was geschieht, wenn Menschen in scheinbar aussichtslosen
Lebenslagen mit ihm rechnen?
Heiko Krimmer schildert spannend und anschaulich, wie Gott in
das Leben von Menschen eingreift.

Bitte fragen Sie in Ihrer Buchhandlung nach diesem Buch!
Oder schreiben Sie an den Hänssler-Verlag, Postfach 1220,
D-73762 Neuhausen.

Das Blut der Märtyrer ...

Darakonda, dieses Dschungeldorf im Süden Indiens ist auch als »Mörderdorf« bekannt. Während der englischen Besatzungszeit kam es in diesem Dorf zu vielen grausamen Überfällen auf englische Soldaten. Die Briten schlugen genauso grausam zurück, aber sie mieden das Dorf.

1978 kamen die ersten Evangelisten unserer Indien-Inland-Mission in das Dorf. Die konnten nicht viel ausrichten. Die Einwohner standen der Botschaft des Evangeliums abwehrend gegenüber. Inzwischen war Darakonda zu einem Hauptstützpunkt der »Naxalites«, indischer, kommunistisch bestimmter Terroristen geworden. Sie kämpften mit allen Mitteln – Mord, Brandanschlägen, Bomben, Entführungen – gegen die gewählte Landesregierung von Andra Pradesh. »Mörder-Dorf«, der alte Schrecken war wieder da.

Unsere Evangelisten ließen sich nicht beirren. Am Rande des Dorfes bauten sie sich eine einfache Lehmhütte. Auch durch Drohungen ließen sie sich nicht vertreiben. Zweimal wurde ihnen das Dach über dem Kopf angezündet. Sie blieben selbst bewahrt und blieben da. Ihre mit viel Mühe angelegten Gärten wurden mehrere Male verwüstet. Sie begannen wieder von vorne. Das Dorf gewöhnte sich an sie. Darakonda hatte ein Wasserproblem. Der einzige Brunnen versiegte langsam. Da untersuchte unsere Mission das Gelände. In der Nähe des Evangelistenhauses wurden wir fündig. Wir gruben einen Brunnen, viel frisches klares Wasser. Zögernd kamen die Dorfbewohner; erst einige, dann immer mehr. So gewannen unsere Evangelisten Zugang. Sie erzählten abends am Brunnen biblische Geschichten. Viele Frauen hörten aufmerksam zu. Auch einige Männer kamen. Viele, viele Kinder, unsere Evangelisten unterrichteten sie tagsüber. Dschungelkinder, die lesen und schreiben lernten, etwas ganz Neues für das Dorf. Die Terroristen versuchten immer wieder zu stören, drohten, aber nun verteidigten auch einige Dorfbewohner die Arbeit. Und Gott ließ den Samen aufgehen. Nach fünf Jahren wurden die ersten Dorfbewohner getauft. Eine kleine christliche Gemeinde war da, etwa 20 Menschen. Sie bauten eine einfache Buschkirche. Nun hörte man auch im »Mörder-Dorf« die Jesuslieder.

Zwei Brüder, beide ledig, zwischen 20 und 30 Jahre alt, lebten noch bei ihrer Mutter im Dorf. Die hatten sich beide den Terroristen angeschlossen, waren gefürchtete Naxalites. Ihre Mutter war Christin geworden. Zuerst schäumten beide vor Wut. Die Mutter hatte es bitter schwer. Doch ihr geduldiges, völlig verändertes Wesen machte die Söhne nachdenklich. Erst heimlich, schließlich dann offen hörten sie den Evangelisten zu. Nach zwei Jahren ließen sie sich taufen, wurden bewußte Christen und beide wurden zu Mitleitern der kleinen christlichen Gemeinde – jetzt etwa 40 Menschen – berufen. Sie sagten sich entschlossen von den Terroristen los. Dadurch kamen sie schwer unter Druck. Ihre alten »Kameraden« versuchten alles, um sie wieder zu gewinnen. Gefährlich klingende Drohungen wurden gemacht. Doch die beiden Brüder blieben fest.

Dann kam diese schlimme Nacht. Das Dorf lag in tiefem Schlaf. Eine Gruppe der Naxalites umstellte das Haus der beiden Brüder. Der Anführer schlug die Türe ein. Verstört trat ihnen die Mutter entgegen. »Flieht«, rief sie ihren Söhnen zu, als sie die Gefahr erkannte. Doch es war zu spät. Die beiden wurden gefangen genommen. »Das ist eure letzte Chance«, die Terroristen meinten es ernst. »Sagt dem Christengott ab. Kommt wieder zu uns!« Doch beide Brüder blieben standhaft. Mit unvorstellbarer Grausamkeit gingen die Terroristen vor: Sie schlugen beiden Brüdern die Arme und die Beine ab.

Das ganze Dorf war aufgewacht. Die Naxalites tobten wie besessen. Keiner traute sich aus der Hütte. Die Todesangst hielt sie im Griff. Keiner kam zu Hilfe. Dann trugen die Terroristen die beiden blutenden, besinnungslosen »Torsos« durch das Dorf, schossen in die Luft und schrien immer wieder : »So geht es jedem, der zu den Christen geht.« Sie legten die beiden Brüder vor den Eingang der Kirche und schossen ihnen eine Kugel durch den Kopf. Drei Tage sollten die Leichen hier liegen bleiben, befahl der Anführer, dann verließen die Terroristen das Dorf.

Unser Missionsleiter Singh Komanapalli erfuhr am nächsten Tag von dem schrecklichen Geschehen. Sofort machte er sich auf den Weg, die 150 Kilometer in den Dschungel. Ungeachtet der Drohung und des Verbots der Terroristen hielt er am Abend dieses Tages die christliche Beerdigung der beiden Brüder. Viele hundert Menschen waren zusammengeströmt. In einfachen klaren Worten bezeugte Singh K. das Evangelium: »Sei getreu bis in den Tod, so werde ich dir die Krone des Lebens geben.«

Jahre später. Ich besuchte zusammen mit Singh K. wieder einmal den Siler-Dschungel. Wir kamen nach Darakonda. Bei der Kirche erwarteten uns die Christen. Die alte Mutter der beiden Ermordeten wurde mir vorgestellt. Mit bewegter Stimme erzählte sie mir von der damaligen Nacht. Nie mehr vergessen werde ich ihre Schlußsätze: »Meine Söhne sind tot. Aber ihr Tod hat viele andere geboren.« Die christliche Gemeinde in Darakonda hat sich verzehnfacht. Das Märtyrerzeugnis der beiden Brüder hat viele zum Glauben gebracht, weit über Darakonda hinaus.

Die Terroristen sind aktiv geblieben, bis heute. Drei Tage vor unserem Besuch hatten sie eben in Darakonda einem jungen Christen, solange er im Gottesdienst war, das Haus angezündet. Wir standen vor der verbrannten Hütte. »Das macht mich nur entschlossener«, sagte der junge Mann zu mir, »bis jetzt habe ich immer geschwankt, aber jetzt sehe ich ganz klar, ich will zu euch auf die Bibelschule kommen. Ich will auch ein Evangelist werden.«

Vor der Fahrt in den Dschungel hatte uns Militär und Polizei angehalten. »Sie können nicht in den Dschungel fahren. Die Lage ist zu gefährlich. Wir können keine Garantie für Ihre Sicherheit übernehmen.« Der Offizier redete sehr ernst. Fragend sah ich Singh an: »Was kann passieren?« »Sie könnten Sie kidnappen und als Geisel nehmen, um Ihre gefangenen Freunde freizupressen«, warnte der Offizier. »Ist das so?« fragte ich Singh. »Und wenn«, sagte der, »dann haben wir eine wunderbare Gelegenheit, ihnen das Evangelium zu bezeugen.« Wir fuhren. Die Gebete in Deutschland und Indien bauten eine Mauer des Schutzes um uns.